Hans Werner Scheidl

ENTE ZUM FRÜHSTÜCK

Hans Werner Scheidl

Ente zum Frühstück

Hinter den Kulissen von Politik und Presse

Amalthea

Für Thomas Chorherr

Sämtliche Abbildungen mit der freundlichen Genehmigung von Gustav Peichl.

Besuchen Sie uns im Internet unter:
www.amalthea.at

Umschlaggestaltung: Kurt Hamtil, verlagsbüro wien
Umschlagbild: © fotolia.de/TOM, Rafa Irusta
Rückseite: Gustav Peichl
Herstellung und Satz: VerlagsService Dr. Helmut Neuberger & Karl Schaumann GmbH, Heimstetten
Gesetzt aus der 11,5/13,75 Punkt Berkeley
Druck und Bindung: CPI Moravia Books GmbH
Printed in the EU
ISBN 978-3-85002-694-9

»Wenn deutsche Journalisten Bücher schreiben,
bedürfen sie beinahe einer Entschuldigung.
Wie kamen sie dazu? Wollten die Eintagsfliegen
in den Rang höherer Insekten aufsteigen?
Wollen sie, die dem Tag angehören,
in die Ewigkeit eingehen?«

JOSEPH ROTH

Inhalt

Der Super-GAU

Als Literatur noch in Blei gegossen wurde

Im Kasten meiner Schreibstube steht sie noch – die mechanische Schreibmaschine, Baujahr 1954. Niemand braucht sie mehr, aber sie erinnert an die Pioniertage. Man schrieb auf vorgedrucktem Manuskriptpapier – mit einem Durchschlag. Als in den Siebzigerjahren wieder einmal die Sparwelle durchs ganze Zeitungshaus der »Presse« schwappte, forderte der Geschäftsführer die Redaktion auf, das Papier der nicht mehr benötigten Durchschläge auf der Rückseite nochmals zu verwenden. Der gütige »Papa Kuhn« befestigte die Weisung eigenhändig mit Reißnägeln in der Lokalredaktion. Der Papierverbrauch ward freilich nur marginal gedämpft.

◇

Neben der verstaubten Schreibmaschine liegt das stählerne Zeilenmessgerät, das »Typometer« – Überbleibsel einer verklungenen Zeitungswelt. Die war laut, die war hektisch, die war – einfach herrlich. Einer brodelnden Hexenküche glich die Redaktion am Nachmittag. Das unablässige Klingeln der schwarzen Telefonapparate aus Bakelit, das nervtötende Tickern der Fernschreiber, das Klappern der Schreibmaschinen, das sonore Diktat so mancher Redakteure, Flüche und Witze erhoben sich über diesen Geräuschpegel, der stetig zunahm, je näher der Redaktionsschluss rückte. Mitten in dieser Orgie die lockeren Fotografen, die ihre Finger nicht von den miniberockten blonden Assistentinnen lassen konnten.

»Doch net jetzt«, zischte da eine Maid im Wirtschaftsressort. Ein Panoptikum.

◇

Viele, die eigentlich nur ein sommerliches Praktikum im Sinne hatten, waren diesem faszinierenden Wahnsinn sofort mit Haut und Haaren verfallen. Und es störte uns nicht, dass wir ganz unten beginnen mussten. Auch Barbara Coudenhove-Kalergi nicht. Die großen Herren der »Presse« – Fritz Molden, Otto Schulmeister, Milan Dubrović – bekam sie meist nur aus der Ferne zu sehen. »In die Redaktionskonferenz ging man, wenn überhaupt, mit ehrfurchtsvollem Schaudern«, erinnert sie sich. »Manchmal konnte man dann erleben, wie der Innenpolitikchef Hans Mauthe, ein knorriger Nationalliberaler, mit einem donnernden ›Leckt's mich doch alle am Arsch‹ zornig aus dem Zimmer stapfte. Ihm nach lief der damals stellvertretende Chefredakteur Milan Dubrović auf den Gang hinaus und flehte: ›Mauthe, Mauthe, bitte komm zurück!‹ Dubrovićs legendärem Charme konnte bekanntermaßen niemand widerstehen, aber Mauthe manchmal doch. Dann hatte unsereins etwas zu klatschen und war die ganze Woche glücklich.«

◇

Milan Dubrović war auch bei der Wiedergründung der Zeitung 1946 (zunächst nur als Wochenzeitung). Ein »Presse«-Mann der ersten Stunde. Er trug die Tradition der Kaffeehausjournalisten mühelos herüber in die neue Zeit, schwärmte vom Café Central und vom Herrenhof, die er als Orte bezeichnete, »wo man das Denkhandwerk erlernte«. Dubrović war dem Zeitungsmachen heillos verfallen – so sehr, dass er einmal gestand: »Ich hab das so wahnsinnig gern betrieben, dass ich mich heute noch wundere, wenn ich dafür auch noch bezahlt werde.«

*

Für die Altgedienten glich es einem Kulturschock, als das Computerzeitalter leise Einzug hielt. Sehr leise: Dieses diskrete Klappern der Tastaturen – wie in einer Bankfiliale hörte sich das an. Der hektische Betrieb in der Setzerei, den wir abends so liebten, war schon 1985 verstummt. Weil es keine Setzerei mehr gab. Der Redakteur wurde zum Autor, Korrektor, Setzer und Metteur in einer Person. Manche Leser behaupteten: So sieht das Endprodukt auch aus.

Dafür konnte nicht mehr passieren, was in den Zeiten des alten Bleisatzes nicht ganz zu vermeiden war: gutgemeinte »Verböserungen« eines Textes, der früher ja noch durch viele Hände ging, bis er druckfertig war. Die Maschinsetzer – hochqualifizierte Handwerker und in der Orthografie oft sattelfester als die Redakteure – glätteten eigenhändig manch wirren Text – die Korrektoren erst recht. Aber manchmal rutschte etwas durch. So die berühmte Berichtigung in der »Neuen Freien Presse«: »Erratum. Im gestrigen Bericht über den Empfang des Statthalters soll es selbstverständlich statt ›Seine kaiserlich-königliche Hoheit der Kornprinz‹ heißen: ›Seine kaiserlich-königliche Hoheit der Knorprinz‹. Wir bitten, diese Verwachslung entschuldigen zu wollen.«

◇

In der Zeitung war eine große Reportage über einen Zirkus geplant, der in Wien sein Quartier aufgeschlagen hatte. Interviews mit Artisten, Clowns, Tänzerinnen und einem Dompteur sollten im Blatt stehen. Bei der Vorstellung fauchten die drei Tiger des Dompteurs wild und furchterregend, vollführten auf ihren Postamenten die tollsten Kunststücke. Und was bekamen die geneigten Leser am nächsten Tag vorgesetzt? »Die Tiger sprangen von Postamt zu Postamt!«

◇

Manchmal waren es freilich auch die Sekretärinnen, die etwas falsch verstanden hatten – besonders, wenn die diktierenden Leitartikler mit ihrer humanistischen Bildung prunken wollten. Da wurde aus einem »Alter Ego« ein »altes Ego«, aus einem »obsolet« ein »absolut« und aus einem »rebus sic stantibus« (Kreiskys Lieblingsfloskel) ein »rebus sixtantibus«.

*

Damals gab's für die Redaktion wenigstens noch eine Ausrede. Auf die Setzerei konnte man notfalls abschieben, was man selbst verbrochen hatte – das geht im Zeitalter der EDV alles nicht mehr. Genauigkeit und Pedanterie sind gefragt, wo einst Sprachkünstler ihr Œuvre mit dem Bleistift auf einem Kaffeehaustisch entwarfen. Der Zauber früherer Jahre, der ist dahin. Freilich – die Zeitungsproduktion hat sich dramatisch beschleunigt. Doch der Betriebsamkeit in der Setzerei weine ich noch heute nach. Da war freilich viel ungesunde Schwerarbeit dabei. Bleibarren schmolzen in den Setzmaschinen als Futter für diese gefräßigen Raubtiere. Blei war der Grundstoff, aus dem Literatur entstand. Joseph Roth hat das – natürlich – poetischer umschrieben: »Das Material ist Blei; aber seines spezifischen Gewichtes lediges und mit geistigem Federgewicht begabtes Blei.« Der eigentümliche Gestank der giftigen Dämpfe, der sich mit dem Duft der Druckerschwärze mischte, durchzog Setzerei, Mettage und Druckerei – die Arbeiter bekamen ein tägliches Quantum Gratismilch. Das sollte ihre Arbeitskraft ein wenig länger erhalten.

◇

Auch Herr Stelzhammer, im schwarzen Arbeitsmantel, stand dort sein Leben lang. Mit einem Winkelhaken, der die Bleizeile zusammenhielt, setzte er händisch die Titelzeilen. In einer unvorstellbaren Geschwindigkeit fischte er aus seinen Setzkästen die Lettern – beim Leitartikel etwa hießen die »Zwei Cicero, schmalfette Bodoni«. Und natürlich konnte er schon anhand des oft nur gekritzelten Zettels abschätzen, ob dieser Titel in die zwei Zeitungsspalten passen würde. »Titel zu laaang« – höhnisch meckernd kostete er seinen Triumph aus. Es klang stets wie eine kleine Rache des Facharbeiters an den Redakteuren in Anzug mit Schlips.

2 Cicero, also 24 Punkt – die uralte Maßeinheit der Setzer, die einfach von Generation zu Generation als Berufsgeheimnis weitergegeben wurde. Dabei ist's doch ganz »einfach«: Cicero ist 12 Punkt, sind 4,512 Millimeter. Alles klar? Mit dieser Schrift wurden (angeblich) Ciceros Reden erstmals gedruckt. Es war alte Zunftsprache, wenn da »Nonpareille« (»die Unvergleichliche«, 6 Punkt) oder »Petit« (8 Punkt), oder »Borgis« (»Bourgeois«, 9 Punkt) angeschrieben stand, wenn der Metteur über ein »Hurenkind« fluchte, übers »Waisenkind« oder den »Schusterjungen«. »Minuskel«, »Majuskel« schnappten wir in der Setzerei auf, da gab's Ligaturen, Initialen, die gegossenen Linien namens »Regletten« in verschiedenen Dicken: fein, stumpffein, halbfett, fett. Zwischen nicht ganz ausgefüllte Maschinsatzzeilen steckte der Metteur Kartonblättchen – so vergrößerte er unmerklich den »Durchschuss«.

Wenn dann die Seite fertig »umbrochen« und im Eisenrahmen festgezurrt war, musste das ungefähr zehn Kilo schwere Stück händisch zu einer Presse geschleppt werden, wo eine Art dicker Karton aufgelegt war. In diese sogenannte »Mater« prägten sich unter Druck die erhabenen Buchstaben ab, dann wurde die »Mater« mit Blei ausgegossen – und die Druckplatte war fertig. Recht kompliziert war das. Und zeitraubend.

*

Ja, ich war dabei, als sich an einem Freitagabend der Super-GAU begab. Zwar zählte jeder Abend vor der Fertigstellung zu den hektischen, aber Freitag war's immer besonders arg. In alter Tradition, die bis heute niemand zu hinterfragen wagt, stand der Samstag-Leitartikel dem Chefredakteur zu. Der hieß Otto Schulmeister. Er änderte, feilte, strich, fügte Unleserliches mit der Füllfeder hinzu – bis zur allerletzten Sekunde. Und dann noch weit darüber hinaus. Die Arbeiter lauerten schon auf die fertig umbrochene »Seite 1«, um sie endlich zur »Mater« zu bringen. Da – ein kleines Stolpern des Gehilfen – und schon lag die Seite am Boden. Der Leitartikel hatte sich in seine Absätze aufgelöst und die ganze Bescherung türmte sich zu einem grauslichen, grauen Bleiberg.

Schreckensbleiche Gesichter, tödliche Ruhe über dem Geschehen: Was würde jetzt passieren? Ein Wutausbruch des Chefredakteurs? Fristlose Kündigungen? Mitnichten. Der Chef erwies sich als wahrer Stoiker: »Stecken Sie den Leitartikel irgendwie zusammen. Es versteht ihn ja sowieso keiner!« So war es auch. Abonnenten sind geduldige Geschöpfe, wie wir wissen.

◇

Weniger dramatisch war's, wenn eine Glosse um eine Zeile zu kurz geriet, aber auch die Zeit immer kürzer wurde. O.S. diktierte dem aufgeregten Setzer eine fehlende letzte Zeile zu einem innenpolitischen Problem. Sie lautete kryptisch: »Was immer aus dem Busche kommt.« – »Das passt immer«, freute sich der Chef.

*

Ärgeren Unbill ereilte Hugo Portisch im »Kurier«. Auch er feilte an seinen Leitartikeln bis zum allerletzten Moment – und noch darüber hinaus. Um die Sache zu beschleunigen, wurde das Manuskript auf mehrere Maschinsetzer aufgeteilt. Einer von ihnen musste seinen Arbeitsplatz kurz verlassen und meldete sich aufs WC ab. Sein Nebenmann war bald mit seiner eigenen Arbeit fertig, setzte sich hinter die Tastatur des abwesenden Kollegen und tippte: »Warum so lange scheißen?« Bald darauf nahm der kurzfristig anderweitig Beschäftigte seine Arbeit wieder auf, war nur bestrebt, die versäumte Zeit aufzuholen – und übersah, was da getippt worden war. Die Seite ging in Druck und mitten in einem funkelnden Wortgespinst Hugo Portischs zur Weltlage prangte die Frage aller Fragen: »WARUM SO LANGE SCHEISSEN?« Die ausgesprochenen Kündigungen nahm die »Kurier«-Geschäftsführung erst nach Bitten Portischs zurück.

◇

Portisch war auch der erste Lehrbeauftragte, der an der Universität Wien Tagesjournalismus lehrte (viersemestrige Vorlesung, 1959–1961). Bei ihm hörte man wenig Theorie, aber vieles zur Praxis des Schreibens und zur damaligen Technik.

Beim Umbruch des Bleisatzes spielten die Metteure eine wichtige Rolle. Portischs guter Rat an die Jungpublizisten: »Wenn Sie eine Setzerei betreten, so nehmen Sie den Hut ab, auch wenn Sie keinen aufhaben.«

Auf Entenjagd

Das fetteste Tier wurde vom »Stern« gefüttert

Und da sind wir ganz plötzlich bei der »Ente zum Frühstück«, bei der gefürchteten »Zeitungs-Ente« gelandet. Ob sie sich vom englischen »N. T.« (not testified) ableitet und so zur »eN-Te« wurde – oder aus dem Französischen kommt (»donner des canards«, Enten geben, lügen), überlassen wir weiter den Sprachwissenschaftlern. Vielleicht sind auch beide Erklärungen reine »Enten«.

◇

Durch seine guten Kontakte erfuhr Hugo Portisch im April 1955 als stellvertretender Chefredakteur des »Kurier« als Erster vom bevorstehenden Staatsvertrag und berichtete sofort darüber. Da das Blatt als Mittagszeitung damals aber nicht über Kolporteure verteilt wurde, verkauften die Journalisten die Zeitung selbst. Die Ausgabe über den Staatsvertrag mussten sie jedoch teilweise verschenken: Die Menschen glaubten an eine Zeitungsente.

◇

Dieses possierliche Tierchen gibt es, seit Zeitungen existieren. Ab dem 25. August 1835 berichtete »The New York Sun« in einer Serie über die sensationelle Entdeckung vom Leben auf dem Mond, von den dort herumfleuchenden »Fledermausmenschen« (samt Illustration). Der Herausgeber jubelte über 19 360 verkaufte Exemplare – die weltweit höchste Auflage in der damaligen Zeit. Am 16. September schließlich gestand man den Irrtum ein. Das Publikum nahm es sportlich.

*

Nach einer »Bajazzo«-Aufführung in Manchester, die der Komponist Leoncavallo »incognito« besucht hatte, wurde er von seinem Logennachbarn ständig belästigt: »Was sagen Sie zu diesem Schmarren!? Alles gestohlen: Die ›Cavatine‹ ist von Berlioz, das Duett von Gounod, das Finale von Verdi …« Der Meister wollte den Narren möglichst schnell los werden und murmelte: »Ja, ja, Sie werden schon recht haben.« Am nächsten Morgen stand in der Zeitung: »Sonderinterview mit Leoncavallo. Der Maestro hält seine Oper ›Bajazzo‹ für eine glatte Fälschung. Die ›Cavatine‹, so meint er, stammt von Berlioz, das Duett von Gounod und das Finale, so verrät er, ist eine Kopie von Verdi.«

*

Ein fettes »Enten«-Exemplar waren wohl in unserer Zeit die »Hitler-Tagebücher«. Das Nachrichtenmagazin »Stern« des großen Journalisten Henri Nannen ging einem kleinen Gauner in die Falle. Und es kostete nicht nur Millionen an D-Mark, sondern vor allem Image. Jahrelang hatte das Pendant zum »Spiegel« mit der Blamage zu leben.

Am 25. April 1983 lud der »Stern« zu einer internationalen Pressekonferenz in sein Verlagshaus, hunderte Reporter eilten zu dieser »Weltsensation«. Der renommierte Reporter Gerd Heidemann hielt zwei »Tagebücher« in Händen und ließ sich in Siegerpose damit ablichten. »Große Teile der deutschen Geschichte müssen umgeschrieben werden«, posaunte der »Stern«-Chefredakteur hinaus. Am 28. April 1983 erschien der erste Teil der spektakulären Serie, am 5. Mai 1983 wurde klar, dass es sich um Fälschungen handelte. Der »Stern« hatte zu diesem Zeitpunkt bereits 62 Bände gefälschter Tagebücher um sagenhafte 9,3 Millionen DM erworben.

Erstaunlich, dass sich angesichts des offensichtlichen Unsinns »Experten« fanden, die die Echtheit der Tagebücher bestätigten. Das war wohl die schwärzeste Stunde für den Hitler-Kenner Trevor-Roper und etliche seiner Kollegen. Schon die großen goldenen Buchstaben auf dem Einband hätten auffallen müssen: »FH«. Man versuchte dafür abenteuerliche Erklärungen zu finden: »FH« = »Führer Hitler«, oder »Führer Hauptquartier«. Im Film »Schtonk« wurde die Köpenickiade grandios verspottet. Aber da war der Schaden schon geschehen. Der Fälscher Konrad Kujau wurde wegen Betruges zu vier Jahren und sechs Monaten Haft verurteilt, jedoch bereits nach drei Jahren wegen seiner schweren Kehlkopfkrebs-Erkrankung entlassen. Er starb im Jahr 2000. Reporter Gerd Heidemann wurde wegen Unterschlagung einiger Millionen ebenfalls verurteilt.

*

Wir begnügen uns da mit kleineren Sensationen. Sie sind gottlob auch nicht so teuer. Luis Barcata war ehemals ein fester Begriff, wenn es um die große Reportage aus der weiten Welt ging. Ein Weltenbummler, mit allen Staatsmännern des Erdballs gut bekannt. Seine ganze Seiten füllenden Reportagen waren Glanzleistungen. Die »Presse« war stolz auf dieses Redaktionsmitglied. Er war ein Meister der Reportage. Wie kaum ein Zweiter verstand er es, weltpolitische Ereignisse mit journalistischer Raffinesse so darzustellen, dass der Leser meinte, dabeigewesen zu sein. »Ich sitze mit Pandit Nehru auf der Terrasse«, hub einer seiner Berichte aus Indien an. »Ein Boy serviert uns Tee, ein anderer fächelt uns kühlende Luft zu.« Nicht ganz falsch. Barcata war natürlich irgendwann einmal in Indien gewesen. Beim Schreiben seines Direktberichts allerdings saß er auf seinem Balkon in Wien, Heiligenstadt.

◇

Hans-Georg Possanner (Freiherr von Ehrenthal) war im »Presse«-Mitarbeiterstab vielseitig einsetzbar. Der ehemalige Berufsoffizier rückte daher sofort aus, als Israel 1967 im sogenannten Sechstagekrieg gegen Ägypten kämpfte. Die Reporter anderer Zeitungen kabelten kärgliche Augenzeugenberichte in die Heimat, Possanners Reportagen hingegen glänzten und funkelten im selben Maße, wie der Neid der Kollegen wuchs. Sie strapazierten sich täglich in der Wüste, Possanner hingegen kam nicht ins Schwitzen. In der gekühlten Lobby des besten Hotels von Jerusalem hatte er sich einen pensionierten israelischen General angelacht, der ihm den Kriegsverlauf darlegte. Den Staub, die Hitze, den Gefechtslärm hatte Possanner brillant hinzugefügt. »Das kann man sich als Generalstäbler ja ungefähr vorstellen«, rechtfertigte er sich generös und ziemlich freiherrlich.

*

Die Annahme, Journalisten seien besonders kritisch und hinterfragten alles Dutzende Male, ist natürlich reine Schimäre. Die Wahrheit: Was ein Konkurrenzmedium behauptet, wird sofort für bare Münze genommen – vor allem, wenn man die Story selbst nicht hat. Ein Exempel:

1985 ging Franz Kardinal König als Erzbischof von Wien in Pension. Fast ein Dreivierteljahr herrschte Vakanz. Aber alle paar Wochen sollten die Zeitungsleser natürlich erfahren, welche Namen für die König-Nachfolge im Gespräch waren. Wozu hatte die »Presse« Pia Maria Plechl, die beste Kirchenberichterstatterin mit exzellenten Kontakten bis hinein die vatikanischen Gärten? Die wusste aber nichts. Also musste sie spekulieren, was ihr zutiefst widerstrebte: Es könnte Weihbischof Florian Kuntner werden oder sein Kollege Helmut Krätzl. Aber sonst? Ein junger Redaktionseleve, der mit dem Pfarrer von Wien-Gersthof bekannt war, half ihr aus der Patsche: »Ich hab einen heißen Tipp: Diesmal soll es ein Seelsorger aus einem Vorort von Wien werden. Er war schon Sekretär bei Weihbischof Jachym. Namen weiß ich leider nicht.« Eine Lüge, die noch weite Kreise ziehen sollte.

Für Pia Maria war die Entschlüsselung der Identität nun ein Kinderspiel: Das konnte nur Norbert Rodt sein, den sie noch aus Jachyms Zeiten kannte. Der Tipp klang zu verlockend. Also fertigte »pmp« einen Artikel auf Seite 3 an, der es in sich hatte: Im Gespräch seien die Bischöfe Kuntner und Krätzl, aber neuerdings tauche immer öfter der Name Dr. Norbert Rodt auf, ein vorerst noch unbekannter Seelsorger aus Gersthof. Schulmeister war höchst erfreut. Der Nuntius einigermaßen erstaunt. Aber gut, die Pia würde es sicher besser wissen als ein kleiner päpstlicher Botschafter.

Eine Woche später stand die »Krone« vor demselben Dilemma wie die gute »pmp«. Ein kurzer Blick in die Konkurrenzblätter, dann entstand der epochale Meldung: Also, es könnte Kuntner werden, eventuell auch Krätzl, aber neuerdings gäbe es einen Außenseiterfavoriten – Norbert Rodt aus Gersthof. Pia Maria war fassunglos – vor Freude: »Die Krone schreibt's auch schon, es stimmt wirklich!«

Für Norbert Rodt brachte der Joke nur Unannehmlichkeiten. Die Sache ging nämlich noch weiter: Jetzt war die »Ganze Woche« an der Reihe. Da hatte man die seriösen Meldungen von »Presse« und »Krone« natürlich genau verfolgt. Zwei Reporter tauchten beim Pfarrer von Gersthof auf: »Wir machen eine Serie über erfolgreiche Menschen in ihrem Beruf. Da fehlt uns noch ein Pfarrer.« Rodt stellte sich gehorsam vor seine Kirche und ließ sich ablichten. Eine Woche darauf schmückte er das Titelblatt des Falk-Blattls: »Der neue Erzbischof von Wien!« Trefflich abgeschrieben – leider alles nur Erfindung. Als Rodt daraufhin zu Krätzl zum Rapport befohlen wurde, stellte die »Presse« ihre sensationellen und im wahrsten Sinne des Wortes exklusiven Meldungen über die König-Nachfolge ein.

*

Ist das, was wir mit Augen und Ohren erfassen, wahr? Oder eine durch die Sinne verfälschte Wahrnehmung? Oder einfach eine

Schlamperei? Der »Standard« brachte im September 2008 eine Opernkritik. Unter dem rätselhaften Titel »Die Abwesenheit des Sublimen« widmete sich der Kritiker der »Ariadne auf Naxos«: »Thomas Moser als Bacchus stand überwiegend ebenfalls da wie ein Stock auf der Bühne.« Der als hölzern wahrgenommene Mann war aber nicht Thomas Moser. Es handelte sich um den Einspringer Lance Ryan. Der war leider ähnlich gebaut. Künstlerpech. Immerhin ließ sich damit erklären, warum der Mensch »wie ein Stock überwiegend ebenfalls« auf der Bühne stand.

*

Die Umstellung auf Lichtsatz und Klebe-Umbruch war eine mühselige Zwischenstufe zwischen dem durch Jahrhunderte verwendeten Bleisatz und der Elektronik. Im Herbst 1985 dann die totale Revolution: Erstmals in Europa sollte eine Zeitung auf dem Computerbildschirm produziert werden. In den USA hatten zwar schon 42 Zeitungen auf dieses Computersystem umgestellt, hierzulande aber wagte die »Presse« als Erste den Ritt über den Bodensee. Sieben Setzer-Spezialisten ließen sich umschulen und wurden feierlich »technische Redakteure«. Natürlich wurden sie Herausgeber Otto Schulmeister in dessen Büro vorgestellt. Der sah die seltsamen Fremdlinge lange sinnend an, bis er sprach: »Sie also sind die neuen elektronischen Zauberer!« Das war's, kurz und knapp! Zum Abschied griff er in Brusthöhe nach seinen breiten Hosenträgern, schnalzte damit laut und vernehmlich und entließ die neuen Mitarbeiter in Gnaden. Die »tapferen Sieben« erwiesen sich als tatsächliche Zauberer. Trotz anfänglicher »Abstürze« erschien das Blatt Tag für Tag ohne Katastrophen.

Die Taubenpost

Not macht erfinderisch, auch bei der »Arbeiter-Zeitung«

Es war in den Sechzigerjahren, als der Verkehr in Wien erstmals zu boomen begann, die Fotoreporter der »Arbeiter-Zeitung« oft im Stau steckten und die Filme nicht rechtzeitig vor Redaktionsschluss zum Entwickeln in die Redaktion bringen konnten. Chefredakteur Franz Kreuzer hatte die Idee, Brieftauben für diesen Zweck einzusetzen. Dazu wurde im markanten Uhrtürmchen in der Rechten Wienzeile ein Taubenschlag eingerichtet. Jeder Fotograf bekam eine Taube mit auf den Einsatz und befestigte die ausgeschossene Filmrolle an den Beinen des geschulten Tieres, das auf direktem Weg ohne Verkehrsbehinderung in den 5. Bezirk zurückflog.

Einige Zeit klappte das hervorragend, bis eines Tages der Chef vom Dienst, Löwy, auf die Idee kam, im Taubenschlag Nachschau zu halten. Dort fand er einige verendete Tiere vor. Man hatte offenbar vergessen, sie zu füttern. Franz Kreuzer, inzwischen schon beim Fernsehen, verteidigte seine Idee auch noch Jahre danach: »War nur ein Wartungsproblem, einfach ein Wartungsproblem.«

*

Damals wurden die kaufmännischen Belange der »Presse« von fünf älteren Herren geleitet. Das genügte vollkommen. »Papa Kuhn« war Geschäftsführer, Herr Direktor Praus sein Prokurist, Buchhalter Kopriva sorgte für die Auszahlung des Monatslohns im Kuvert, und Herr Spieß nannte sich Anzeigenleiter. Dann war da noch der Herr Janach, »Mädchen für alles«, der die Stufenleiter vom Vertriebsleiter bis zum Prokuristen und wieder zurück bis zum Anzeigenverkäufer erlebt hatte. Die Jahre flossen in ruhigem, mählichem Tempo dahin, Geld war immer zu wenig vorhanden, die Bundeskammer und der Wirtschaftsbund als Haupteigentümer spendierten alljährlich gerade so viel, dass die Zeitung überlebte – und Schulmeister seine Drohung nicht wahrmachte, samt seinen Redakteuren zu einem großzügigeren Eigentümer zu wechseln.

◇

Schulmeister, Mitte der Siebzigerjahre noch in Personalunion Chefredakteur und Herausgeber der »Presse«, ließ jeden, dem eine Anstellung in der Redaktion winkte, zu einem Vorstellungsgespräch antreten. Ohne den üblichen Umweg über ein Apropos in der Konversation prüfte er den Bildungsgrad jedes Kandidaten ab – Bildung in seinem Verständnis, also klassisch-humanistische. Einen jungen Dr. phil. herrschte er an: »Was sagt Ihnen König Artus? – »König Artus und die Tafelrunde« assoziierte der Kandidat blitzschnell. Dieser Titel eines Films und eines verbreiteten Comic-Hefts genügte. Schulmeister holte sogleich breit aus, er kam über die Tafelrunde zum Heiligen Gral, zum lateinischen Mittelalter, zu den Suchenden und über diese Wortbrücke zu den Recherchierenden und zuletzt zu den journalistischen Tugenden und wieder zum Gral und zu sich als Gralshüter des bürgerlichen Journalismus. Mit diesem – vom Eleven ab und an mit zustimmendem Nicken begleiteten – Monolog war die Prüfung nach einer halben Stunde beendet. Der Schulmeister hatte sich selber geprüft. Und bestanden …

◇

Die Autorität der alten Herren in der »Presse« machte so manchem Jungen ganz schön zu schaffen. So saß ein Kollege eines weniger ernsten Ressorts eines Tages mit hochrotem Gesicht im Produktionsraum und las stotternd einen Leitartikel von Otto

Schulmeister vor. Die Aufregung lag aber weniger an der Ergriffenheit ob der gewaltigen Worte des Herausgebers, sondern vielmehr daran, dass dieser höchstselbst am anderen Ende der Telefonleitung saß und sein mit Fremdwörtern gespicktes Werk zwecks möglicher Änderungen vorgelesen bekam. Aber wer weiß, ob Schulmeister selbst sein Werk fehlerfrei verlesen hätte. Wir kamen nie in den Genuss.

*

Der »Presse«-Eigentümer Kommerzialrat Fred Ungart opferte sein gesamtes Vermögen für den Weiterbestand seines Blattes. Bei einer Gehaltsverhandlung mit den Druckergewerkschaftlern beendete er das Feilschen so: »Ein Wort noch, meine Herren – und die Zeitung gehört Ihnen!«

»Ja«, meint Walter Schaffelhofer dazu – er war jahrzehntelang Generalsekretär des Zeitungsherausgeberverbandes, »damals wurde Tarifpolitik noch mit dem Hirschfänger gemacht.«

◇

Schaffelhofer kam aus dem katholischen Lager und stieß zunächst auf heftige Ablehnung bei den sozialistischen Parteiblättern. Bruno Kreisky hatte die angewiesen, den »Herrn Schaffelhofer« zu boykottieren. Warum? Weil er ihn mit dem Chef des katholischen Familienverbandes, Schattovits, verwechselt hatte. Einfach so.

◇

»Janach«, empörte sich Geschäftsführer Erwin Kuhn, »am Pariser Flughafen gibt's alle Weltblätter am Kiosk, nur unsere ›Presse‹ hab' ich nirgends gesehen. Sorgen Sie für Abhilfe!« Janach war mit allen Wässerchen gewaschen und obendrein mit allen Salben geschmiert. Er wusste, was das kosten würde. Also tuschelte er mit der Chefsekretärin. Als der Herr Chef wieder nach Paris startete, war Janach schon vor ihm am Flughafen, gab einer AUA-Stewardess ein »Presse«-Exemplar mit, zusätzlich ein gutes Trinkgeld. Als Passagier Kuhn am Zeitungsstand vorbeikam, lachte ihm seine »Presse« entgegen. »Jarnach, Sie werden zum Direktor ernannt«, telefonierte er noch aus Frankreich.

◇

Friedrich Achleitner war der Pionier in der Architekturkritik. Seine Anfänge in den Fünfzigerjahren schilderte er so: »Die Schriftstellerin Dorothea Zeemann arbeitete in der ›Abendzeitung‹. Ein mieses Boulevardblatt, wo alle unter Pseudonym geschrieben haben.« Sie holte Achleitner als Aushelfer. Und der schrieb ein Jahr lang über Bausünden. Das letzte Thema war der Abbruch der Renaissance-Häuser in der Sterngasse. »Da habe ich auf der Kulturseite gegen den Abbruch geschrieben, und der Lokalredakteur hat auf der Lokalseite dafür geschrieben. Als ich draufgekommen bin, dass der eine Wohnung dort kriegen sollte, habe ich gekündigt.« Er ging zur »Presse«. Und da hatten beide was davon.

*

Vor fünfzig Jahren wagte der Chefredakteur des »Kurier«, Hans Dichand, mit einigen Getreuen den Sprung in ein Abenteuer, das »Kronen-Zeitung« hieß. Er wollte das einstige »Hausmeisterblattl« wieder zum Leben erwecken. Doch zuerst musste er im Besitz der Titelrechte sein. Dichand und sein engster Mitarbeiter, Friedrich Dragon, fuhren ins Ybbstal zum Schwiegersohn von Gustav Davis, Hofrat Franz Geyer. Der war sehr misstrauisch und nannte schließlich eine Summe: »Der Titel kostet 600 000 Schilling.« So viel hatten die beiden Bittsteller natürlich nicht, aber Dichand legte 90 000 Schilling auf den Tisch: seine Abfertigung vom »Kurier«. Der Hofrat und Davis-Erbe gab sein kostbares Faustpfand schließlich für 170 000 Schilling her – die fehlende Summe borgte der »Sacher«-Besitzer und Rechtsanwalt Dr. Rolf Gürtler. Als Draufgabe überließ der Hofrat den beiden

Abenteurern auch noch die Restauflage des einst sehr beliebten »Krone«-Kochbuchs, das kurz vor dem Zweiten Weltkrieg auf den Markt gebracht worden war: Der bescheidene Beginn einer großen österreichischen Zeitungsgeschichte.

*

Das schwerste Leben im »Kurier« zu jener Zeit hatte Herbert Krejci. Er war einerseits Generalsekretär der Industriellenvereinigung, als Aufsichtsrat aber auch für die Blattlinie des »Kurier« verantwortlich. »Täglich am Morgen hat mich der Manfred Mautner Markhof angebrüllt, täglich am Abend der Michael Graff. Bis ich dem einmal gesagt habe: ›Herr Graff, ich habe im Weltkrieg in Dnjeprpetrowsk einen Unteroffizierslehrgang gemacht. Sie dürfen sicher sein, dass ich lauter schreien kann!‹ Darauf übersandte Frau Maria Graff frische Erdbeeren.«

◇

Im »Kurier«-Aufsichtsrat waren noble Herren vertreten. Einer hieß Charly Vogou und war Bosch-Gesellschafter. Ein anderer, Doktor Voglar, vertrat die Zuckerindustrie. Der fragte einen Bewerber um einen leitenden Posten: »Sind Sie Kommunist?« Der Befragte konnte wahrheitsgemäß verneinen. »In welchen Verhältnissen leben Sie?« – »Ich habe eine langjährige Beziehung zu einer verheirateten Frau.« Vogou: »Gott, ist der Mensch zu beneiden!«

◇

Im »Kurier« war viele Jahre auch der Journalist Hans Rauscher beheimatet. Er führte einst ein Gespräch mit Otto von Habsburg und der erzählte, wie er den Schriftsteller Joseph Roth im französischen Exil von seiner selbstmörderischen Trunksucht kurieren wollte: durch einen simplen Befehl an den glühenden Monarchisten Roth. Rauscher: »Und? Hat er tatsächlich zu trinken aufgehört?« Habsburg: »Ja. Solang ich mit ihm geredet habe.«

Die langlebige Zita

Warum Nachrufe immer eine heikle Sache sind

Vorwärts wieder in die Siebzigerjahre. Da wäre etwa die Geschichte mit Kaiserin Zita. Deren erster Nachruf war für die »Presse« von einem Geistesriesen verfasst, bezahlt und in Blei abgesetzt worden – so wartete die fixfertige Seite auf ihr Erscheinen. Viele Jahre. Der wuchtige und ziemlich pathetische Nachruf war auf Wunsch des damaligen Chefs mit einem zwei Zentimeter dicken Trauerrand eingefasst – sehr dekorativ. Das Bleischiff setzte Spinnweben an, die Dame hatte eine robuste Konstitution. So starb eines Tages der Verfasser. Ein ehemaliger Unterrichtsminister. Er war schon alt. So ungefähr zwanzig Jahre jünger als Zita, Kaiserin von Österreich. Nachrufer tot – Zita lebte.

Ein neuer Historiker von österreichweiter Bedeutung wurde um ein Manuskript gebeten, der Nachruf wurde geschrieben, bezahlt, im Bleimaschinensatz angefertigt. Als Zugeständnis an veränderte Zeiten – man schrieb 1980 – fand man sich mit einem schmalen Trauerrand ab. Doch auch der zweite Nachrufer verblich zu Lebzeiten der alten Dame. Nachrufer war tot – Zita lebte.

Schließlich ließ sich Chefredakteur Otto Schulmeister selbst vom Olymp herab, schrieb, verzichtete auf jeglichen Trauerrand – und zitterte seitdem jeden Morgen beim Aufwachen Gottes Ratschluss entgegen: Sie oder ich? Zita, die letzte gekrönte Apostolische Königin von Ungarn, tat dem durchaus habsburgtreuen Chefredakteur den Gefallen und ging am 14. März 1989 zu ihren Ahnen heim – bevor ein vierter Nachrufer gesucht werden musste.

*

Nachrufe auf Vorrat: Tief in den Eingeweiden des Großrechners, der auch diese Zeilen birgt, liegt eine Gruft aus Bits und Bytes. Dutzende Nachrufe auf noch, aber nicht mehr allzu lang lebende Persönlichkeiten kann man dort nachlesen, sofern das nicht Aberglaube oder Taktgefühl verbieten. Alle Zeitungen haben solche »digitalen Leichenhallen«, wie Kollege Oliver Grimm sie nennt. Ein guter Nachruf soll nämlich nicht nur die wichtigsten Stationen im Leben des Verblichenen in Erinnerung rufen, sondern auch schön zu lesen sein. Zum Dichten aber braucht es Zeit, und die hat kein Redakteur, wenn am Freitag um 14.49 Uhr eine Zelebrität die Patschen streckt. Dazu gibt's das Archiv. Und in fast jeder Redaktion einen, der die Nachrufe »verwaltet«. Hinweise der Kollegen (»Du, der XY hat gestern schlecht ausg'schaut. Lang hamma den nimmer …«) sollte dieser Redakteur nie mit der Leichtigkeit des Seins abtun. Er tut gut daran, gleich die Herrschaften des Zeitungsarchivs aufzusuchen und das Dossier über den betreffenden Zeitgenossen zu erbitten. Und auf die erschrockene Frage »Is' er g'storben?«, kann er dann den Archivwürmern pointiert antworten: »Noch net – aber bald.«

◇

Im Grunde halten sich aber die Nachrufverwalter sowieso für die wahren Berufenen. Sie lieben es, exilierten Hoheiten, heimischen Politikern, Verlegern und Wirtschaftsgrößen die letzten Zeilen ins Grab zu werfen. Eine Begegnung – und mochte sie schon Jahrzehnte her sein – reicht dabei völlig, um sich als Experte und Kenner des Nachzurufenden zu fühlen. Als in Hamburg »Spiegel«-Herausgeber Rudolf Augstein plötzlich verblichen war, machte sich ein Kollege in Wien sofort an den Nachruf – fast eine ganze Seite. Der pathetische Artikel schrieb sich wie Butter. Immerhin hatte er ja viel über ihn gelesen. Und der »Spiegel« gehörte zu den literarischen Grundnahrungsmitteln eines Gymnasiasten anfangs der Sechzigerjahre. Dass in Deutschland ein fassungsloser Korrespondent auf der Strecke blieb und in Wien ein ebenso wutschnaubender Medienredakteur, tat der Schreiber mit einer graziös wegwerfenden Handbewegung ab. Er war eben schneller gewesen. Und sicher besser. Mehr noch: Er fand seinen Text grenzgenial. Natürlich hätte er dem jungen Kollegen in Berlin den Vortritt lassen können. Aber der hatte Augstein leider nur sehr flüchtig gekannt. Der Autor in Wien hingegen kannte den Tycoon überhaupt nicht. Das verschaffte ihm die nötige Objektivität.

◇

Den Papst freilich muss man in solchen Fällen nicht persönlich gekannt haben. Der Todeskampf des geliebten Papstes Johannes XXIII. im Jahr 1963 dauerte wochenlang. In der »Presse«-Redaktion war der ganzseitige Nachruf natürlich längst gesetzt, es musste nur noch die Uhrzeit eingesetzt werden, sobald die Todesnachricht aus dem Vatikan einlangte. Claus Gatterer, Gott hab' ihn selig, wachte schon den dritten Abend, um den Nachruf »einzuhängen«. Da – gegen Mitternacht beginnt der Fernschreiber zu rattern: Eine Blitzmeldung – also allerhöchste Dringlichkeitsstufe: »Vatikanstadt. Papst Johannes XXIII. ist soeben …« Weiter liest Gatterer nicht, reißt die Meldung aus dem Fernschreiber. Er rennt in die Setzerei, dort liest er weiter: »… ist soeben aus dem Koma erwacht und hat nach Kaffee verlangt.« Gatterer hebt die Arme zum Himmel und schreit, ganz unfromm: »Sterben soll er! Net Kaffee trinken!«

Die Liebe seines Lebens

Bruno Kreisky wollte eigentlich Journalist werden

Bruno Kreisky und die »Presse« – ein weites Feld und ein ambivalentes Liebesverhältnis. Der Sozialist aus großbürgerlichem Haus wäre ja selbst am liebsten Journalist geworden, wenn schon nicht bei der »Neuen Freien Presse«, dann bei der »Arbeiter-Zeitung«. In bezaubernder Art erzählte er, wie er der böhmischen Köchin die »Neue Freie Presse« vorlas – und sich damit gleich selbst in der schwierigen Fraktur übte. Berührungsängste mit der »bürgerlichen« Zeitung hatte er auch als Politiker nie. Im Gegenteil: Er fütterte sie vorsätzlich mit News, sehr zum Ärger der »Arbeiter-Zeitung«-Leute, die sich um ihren vermeintlichen Vorteil geprellt sahen. So saß der Chefredakteur der »Arbeiter-Zeitung« zwar als kooptiertes Mitglied im Parteivorstand, war aber an die Vertraulichkeit gebunden, während Kreisky ganz ungeniert mit den ihm verbundenen »bürgerlichen« Journalisten telefonierte.

◇

1973 bereitete sich die »Presse« auf die Feier des 125-jährigen Bestehens der Zeitung vor. Kulturredakteur Franz Endler übernahm die künstlerische Ausgestaltung und schaffte es, neben Otto Schenk und »The Worried Men« Michael Heltau, die Wessely und den Hörbiger (den Attila) auf die Bühne des Theaters in der Josefstadt zu bringen. Leonard Bernstein sandte eine Komposition, und die Zeitung druckte anderntags ganz bescheiden eine »Gästeliste« ab: Alle Regierungsmitglieder, alle Rektoren, viele Botschafter, alle Chefredakteure der anderen Blätter waren erschienen. Und nach dem Bundespräsidenten war Kanzler Bruno Kreisky der Star der Vormittagsmatinee. Davor allerdings war Krisenintervention vonnöten, denn die Zeitung hatte mit einem satirischen Beitrag den »Sonnenkönig« schwer verärgert. Er soll getobt und sein Erscheinen abgesagt haben, tuschelte man. Tatsache ist, dass die Matinee in der Josefstadt wie geplant stattfand – mit dem Staatsmann. Und wie! Auf der offenen Bühne des Theaters in der Josefstadt packte er umständlich ein gerahmtes Bild aus. Das sei sein persönliches Geschenk an die Zeitung, erklärte Kreisky: Der Stich zeigte den k. u. k.-Ministerpräsidenten Graf Berchtold in seinem Ohrensessel selig schlafend. Auf dem Schoß: die »Neue Freie Presse«. Kreisky schmunzelnd: »Er war halt schon sehr alt, der Herr Graf!« Das Blatt sei in der Monarchie, so scherzte der SPÖ-Vorsitzende Kreisky, »liberal, aber durchaus regierungsfreundlich« gewesen. »Dass es das heute nicht mehr ist, darüber wachen so manche hier im Zuschauerraum. Aber hie und da weht ein Hauch davon noch durch die Spalten. Wer da wohl verreist sein könnte, frage ich mich dann …« Und zum Schluss: »Ich besorg' mir in der Trafik immer alle Zeitungen, die ›Arbeiter-Zeitung‹« – die es damals noch gab –, »den ›Kurier‹, auch die ›Krone‹. Ich lege sie alle in die ›Presse‹ hinein, und wenn ich dann geh', sieht man nur die ›Presse‹. Worauf sich jeder sagt: Ein anspruchsvoller Mensch geht da von dannen …«

*

»Kreisky agierte nicht wie der Vorstandsvorsitzende eines Großunternehmens«, urteilte sein langjähriger Kabinettschef Alfred Reiter. »Bei ihm war Politik etwas Künstlerisches. Dazu gehörte die Inszenierung, das Stehen an der Rampe, das Verschwinden in der Kulisse. In unserem Vorzimmer schaute es immer aus wie im Wartezimmer eines Arztes. Denn jeder Termin musste nach hinten geschoben werden. Jeder österreichische Journalist wusste, dass er sofort mit Kreisky verbunden wird, da konnte die interne Sitzung noch so wichtig sein.« Reiter war oft verzweifelt, wenn er einem hochrangigen Besucher die Wartezeit verkürzen und zuhören musste, wie der Chef drinnen mit irgendeiner Zeitung telefonierte: »Also, lesen S' mir amol vor, was Sie bis jetzt g'schrieben haben.« Und dann wurde geredet und geredet, »über Dinge, die sie beide nicht ganz verstanden.« Und der Tagesplan war wieder völlig aus den Fugen. Parteitagsreden wurden prinzipiell in letzter Minute angefertigt. Reiter: »Vorn auf der Bühne hat der Kreisky schon geredet, während hinten noch die letzten Seiten geschrieben wurden.«

◇

»Büro des Bundeskanzlers. Grüße Sie. Ich verbinde!« Wer beschreibt das beseligende Herzflattern, das jeden Redakteur befiel, wenn ihn diese berühmten sieben Worte der Chefsekretärin Margit Schmidt ereilten – abends daheim, sonntags im Dienst, tagsüber, wenn man bis über die Ohren in Arbeit steckte. Schrullig waren sie oft, diese Anrufe, berechnend, ausufernd, detailverliebt. Brummelndes Lob etwa für die Krawatte, die man tags zuvor im Pressefoyer getragen hatte (»Sie werden sehen, die schmalen Krawatten kommen wieder. Nur nix wegschmeißen!«). Oder eine Beschwerde über Kollegen anderer Zeitungen. Und bisweilen geradezu grotesk. Dann nämlich, wenn ihn »sein Geschwätz von gestern« schon lang nicht mehr interessierte. 1972 gab es einen der seltenen Auftritte Kreiskys vom Rednerpult des Nationalrates aus: Er plädierte leidenschaftlich für die zweisprachigen Ortstafeln, die er schließlich auch per Gesetz durchboxte. Bedenken, dass die Kärntner revoltieren könnten, tat er als lächerlich ab. Als es daraufhin zu wütenden Ausschreitungen in Südkärnten kam, war plötzlich alles anders für Kreisky. Ein Anruf im Sonntagsdienst: »No, Herr Redakteur, jetzt hamma's. Hab i' Ihnen das net immer prophezeit?« Hatte er natürlich nicht.

*

Anders als heutige »Medienstars« hatte Kreisky auch im privaten Gespräch etwas zu sagen. So stellte ihm Dieter Kindermann einmal die »Gretchenfrage«: »Und wie haben Sie es denn mit der Religion, Herr Bundeskanzler?« Kreisky: »Ich bin Agnostiker, also kein Atheist, kann gewisse Vorstellungen, die religiöse Menschen besitzen, nicht teilen. Ich habe erst kürzlich in der Tübinger Stiftskirche den Vortrag eines Theologen gehört, der sich mit der Existenz Gottes auseinandergesetzt hat. So sehr ich seine intellektuelle Leistung bewundert habe und so sehr ich mir vorstellen kann, dass es so ist, wie er es dargestellt hat, kann ich nicht sagen, ein gläubiger Mensch zu sein. Aber ich respektiere zutiefst den Glauben anderer und werde alles unternehmen, damit auch andere ihn respektieren …«

◇

Sozialminister Alfred Dallinger stürmte in die Parlaments-Caféteria und störte seinen Chef Kreisky beim Mittagessen: »Du, da wollen a paar Journalisten wissen, wie viel i' verdien!« Kreisky: »Und? Hast es ihnen g'sagt oder hast es ihnen erklärt?«

◇

Apropos Mittagessen. Das bekam »der Alte« am Ballhausplatz in einem kleinen Hinterzimmer des mächtigen Büros serviert. Anruf Kreisky in der Redaktion: »Haben S' schon g'essen?« – »Noch nicht, Herr Bundeskanzler. Leider.« – »Kommen S' vorbei, können wir dabei plaudern.« Was täte man lieber? Also ab ins Kanzleramt. Der Amtsdiener führt den Besucher diskret ins »Speisekammerl«, wo schon gedeckt ist. Damast, Silberbesteck. Auf dem Teller – ein grüner Apfel. Das war's.

*

Otto Pammer, legendärer Produzent der ORF-Sendung »Seitenblicke«, musste sich in seiner langen Karriere die Brötchen auf vielen Feldern verdienen. So drehte er Mitte der Siebzigerjahre einen Wahlkampffilm für die SPÖ, in dessen Mittelpunkt – wer denn sonst – Bruno Kreisky stand. Als der Streifen nach aufwendigen Dreharbeiten im Kanzleramt und in der Wohnung des Kanzlers, etwa beim Frühstück, endlich fertig war, wurde er dem obersten Werbemanager der Partei, SPÖ-Zentralsekretär »Charly« Blecha, vorgeführt. Der schüttelte nur den Kopf: »Den können wir nicht spielen!« Otto Pammer war verzweifelt. »Was ist schlecht? Was gefällt dir nicht?« Blecha ungerührt: »Den können wir so nicht spielen!« Pammer nahm einen neuen Anlauf: »Die Belichtung ist o. k., der Schnitt flott …« Blecha: »Technisch ist alles in Ordnung. Nur schau' dir die Uhr hinterm Bruno beim Frühstück an. Da ist es neun Uhr fünfzehn. Ein SPÖ-Vorsitzender frühstückt spätestens um sieben!«

»Lernen S' Geschichte ...!«

Der alte Kanzler konnte brummig und charmant sein

Das legendärste Zitat Kreiskys in Verbindung mit dem Journalismus ist wohl der Rüffel für den ORF-Mann Ulrich Brunner vor laufender Kamera: »Lernen S' a bisserl Geschichte, Herr Reporter!« Brunner traf dies deswegen ins Herz, weil er ein aufrechter Sozialist war.

Februar 1981: Der parlamentarische Untersuchungsausschuss zum Bauskandal beim Wiener AKH tagte schon monatelang ohne Ergebnis. Die VP wollte neue Zeugen laden, die SP lehnte ab. ÖVP-Obmann Mock beschwerte sich bei Bundespräsident Kirchschläger. Kreisky geriet darüber außer sich und polterte in den »Salzburger Nachrichten« los: Der Bundespräsident sei kein Schiedsrichter über das Parlament, es drohe eine Verfassungskrise, vor allem sei der Bundespräsident kein »Justizkanzler«.

Im darauffolgenden Pressefoyer am 24. Februar eskalierte die Szene. Kreisky sah in dem Vorgehen eine Gefahr für die Wiederkehr der Dreißigerjahre. Den Hinweis, dass man das doch niemandem in Österreich unterstellen könne, parierte Kreisky mit dem Hinweis: »Angesichts des gestrigen Putschversuchs in Spanien fragen Sie mich das?« Brunners Konter: »Wir sind aber nicht in Spanien, sondern in Österreich!« Kreisky: »Ich habe die Justiztricks der Dreißigerjahre erlebt, und ich kann nicht früh genug warnen vor einer Wiederholung.« Brunner: »Wir leben doch heute in einer ganz anderen politischen Situation.« Da explodierte Kreisky: »Lernen Sie Geschichte, Herr Reporter!« Alle weiteren Einwände wischte Kreisky weg.

Dreimal wurde Brunner übrigens aufgefordert, Geschichte zu lernen. Und so ging der Ulli Brunner in die Mediengeschichte ein.

◇

Kreisky konnte aber auch charmant sein, wenn er wollte. 1982 setzte sich Dieter Kindermann von der »Kronen-Zeitung« vehement für Zita von Habsburg ein: »Herr Bundeskanzler! Ist es für Sie als Sozialdemokraten nicht menschlich verständlich, dass die Kaiserin nach 63 Jahren Exil endlich ihre Heimat sehen will?« Als sich dann auch noch König Juan Carlos von Spanien einschaltete, wurde im Ministerrat eine Lösung gefunden, die Kreisky so formulierte: »Also, wir geben ihr a Durchreisevisum. Und keiner wird nachschau'n, ob s' dableibt.«

◇

Ein Genieblitz kam Kreisky – wie so oft – nächtens. Er wollte vom Gängelband der Gewerkschafter wegkommen. Eine staatliche Parteienfinanzierung gab es nicht. Aber wie konnte er die einführen, ohne alle unabhängigen Zeitungen sofort gegen sich zu haben? So schlug er parallel dazu eine staatliche Presseförderung vor. Ein genialer Trick, denn so konnten die Zeitungen schwer gegen die Parteisubventionen anschreiben.

*

Einladungen bei den Kreiskys in der Armbrustergasse waren beliebt und begehrt. Man leistete sich als Chefredakteur schon einmal einen neuen Anzug für diesen Anlass. So auch »Kurier«-Chef Hugo Portisch.

Für Sonntag, 15 Uhr, hatte Kreisky zur Gartenparty eingeladen. Kurz davor hatte ein Platzregen den Park des Anwesens in eine Schlammwüste verwandelt, doch dann kam wieder die Sonne, der Gastgeber erschien mit einiger Verspätung frisch aus der Dusche. Kreiskys Boxerhund freute sich so über die Ankunft seines Herrls, dass er den blütenweißen Sommeranzug von Hugo Portisch über und über mit Dreck bespritzte. »Ja, ja, mein Hund«, kommentierte Kreisky ohne jedes Mitleid. Erst nach einer Pause: »Na, schicken S' mir halt die Putzereirechnung, Herr Doktor.«

◇

In manchen Jahren besaßen die Kreiskys sogar drei Boxerhunde. Gäste erinnern sich mit Schaudern an die total verwöhnten Biester. Es wird berichtet, dass die Servierhilfe in Erwartung eines hohen Gastes schon Schalen mit Nüssen und Salzmandeln zur Begrüßung aufgestellt hatte und die Viecher nicht nur daran schnüffelten, sondern auch »hineinsaftelten«.

◇

Auch Reinhard Hampel, in den Siebzigerjahren ein feurig-jugendlicher »Presse«-Eleve, machte unliebsame Bekanntschaft mit Kreiskys Hundeliebe: Er hatte einen neuen, grauen Flanellanzug erstanden, denn abends waren rund 20 Jungjournalisten zum »Alten« in die berühmte Villa in der Armbrustergasse geladen. Kreisky liebte diese ungezwungenen Abende, an denen er stundenlang sich selbst zuhören konnte. Wer keinen Sitzplatz im Wohnsalon fand, saß auf dem Teppich.

Leider war auch Bianca da, die uralte Boxerhündin. Die war blind, hatte Mundgeruch und sabberte fürchterlich. Bianca, das Untier, streifte während des Sermons ihres Herrls durch die auf dem Boden kauernden Zuhörer, fand just an Herrn Hampel Gefallen und legte ihr müdes Haupt in seinen Schoß. Sie sabberte – wie erwähnt – bemitleidenswürdig.

Hampel durfte sich nicht rühren. In Zeitlupentempo schob er das Tier von sich weg – und dann, als Kreisky gerade wegschaute, gab er der Bianca einen sauberen Tritt. Die Hose war hin.

Tags darauf, nach der Sitzung des Ministerrates. Kreisky zieht einen Journalisten in die Fensternische und murmelt: »Hüten

Zeitungen waren für Bruno Kreisky mehr als nur intellektuelles Vergnügen. Sie waren auch Stimmungsbarometer.

Sie sich vor dem Hampel! Ein schlechter Mensch! Der hat der Bianca gestern an Tritt gegeben.« Hampel bekam jahrelang kein Interview mehr.

◇

Lang nach Mitternacht, wenn sich die Gäste verabschiedet hatten, führte Kreisky gern seine Hunde noch einmal äußerln. Wir durften ihn begleiten. Am Oberen Schreiberweg, wo fast jeder Villenbesitzer Hunde hielt, setzte jedes Mal ein infernalisches Gebell ein, wenn sich Kreiskys Kampftruppe näherte. Die noble Anwohnerschaft wurde aus dem Schlafe gerissen. »Das ist meine Rache an der Bourgeoisie«, schmunzelte der Kanzler dann zufrieden.

◇

Irgendwann in den Siebzigerjahren. Beim Spätdienst-Redakteur der Grazer SPÖ-Zeitung »Neue Zeit« läutete das Telefon. Es meldete sich eine sonore Stimme: »Hier Kreisky.« Der Redakteur, offensichtlich genervt von diversen Kollegen-Scherzen, knallte den Hörer zurück auf die Gabel mit dem zornigen Ruf: »Ja, ja! Und i' bin der Heilige Vatta!« – Kaum eine Minute später klingelte es wieder und womöglich noch eine Nuance tiefer und langsamer hieß es: »Hier spricht aber wirklich Bruno Kreisky.« Dass sich der arme Journalist nun gewunden hat wie ein Wurm, kann man sich vorstellen. Der »Sonnenkönig« nahm das Missverständnis mit Humor.

◇

Auch Redakteure sind nur Menschen. Wollen Anerkennung, wollen geliebt sein, brauchen Zuwendung. Bruno Kreisky verstand dies. Und nützte das schamlos aus. Bisweilen übertrieb er dabei.

Interviewtermin beim »Alten« am späteren Nachmittag. Ein »g'standener« »Presse«-Redakteur und ein »Frischg'fangter« (der das Tonbandgerät beaufsichtigen darf) nickten schon zwei Stunden lang brav zu Kreiskys weit ausholendem Monolog über Nahost, die Sozialversicherung, China, die USA und Mohnnudeln. Margit Schmidt, die treue Seele, steckte den Kopf zwischen den Türspalt: »Herr Bundeskanzler, Ihr nächster Termin ...« – »Wer is' es denn?« – »Der Herr Bundespräsident wartet.« – »Ja, der muss jetzt warten. Ich hab da die zwei Herren von der ›Presse‹. Ja?« – Kreisky alterierte sich nun die nächste halbe Stunde über Journalisten von der Konkurrenz: »Der ..., so was von schäbig! Da kann ich nur sagen, meine Herren, pfui Teufel! Ja Sie, Sie sind nobel, anständig, da weiß man, wo Sie stehen, aber der ..., no der kriegt kein Interview mehr. Ja?« – Schon wieder Margit Schmidt: »Herr Bundeskanzler, der Herr Bundespräsident hat anrufen lassen ...« – »Na so, wir sind's ja eh glei'.«

Als die zwei Redakteure erschöpft, aber glücklich über den Ballhausplatz schritten, fiel ihr Blick hinüber zu den Räumlichkeiten des Präsidenten. Alles finster, totenstill. Ob ihm die Geduld gerissen war, oder ob Kreisky mit Margit Schmidt einen besonders abgefeimten Trick angewendet hat? Frau Schmidt schweigt bis heute. Wie ein Grab. Wie Kreisky in seinem Ehrengrab.

◇

Kreisky prahlte gerne, dass er alle Journalisten beim Namen kenne. Als Karl Amon, inzwischen Chefredakteur des Fernsehens, am Beginn seiner Laufbahn zu einem Interview beim Kanzler kam, stellte er sich artig vor: »Amon, ORF.« Kreisky winkte gönnerhaft ab: »Nicht nötig. Ich kenn' Sie doch, Herr Hohmann!«

◇

»I' weiß net«, grantelte Kreisky zu seinem Pressesekretär Johannes Kunz, »der blade Kameramann vom ORF, des muss a Schwarzer sein. Der nimmt mi' immer so schiach auf ...« Gemeint war Heinz Lazek, Sohn eines einst berühmten Schwergewichtsringers und von ebensolchem Körperbau. Kunz begab sich auf Recherche. Die ergab allerdings, dass Lazek kurz zuvor die höchste SPÖ-Auszeichnung, die Victor-Adler-Plakette, verliehen wurde.

◇

»In Zeiten wie diesen« wurde zum geflügelten Wort, wobei nie ganz klar war, ob das etwas Schlechtes oder vielleicht gar nichts bedeutete. Einprägsam wurde aber auch die Wortschöpfung des »Krone«-Innenpolitikers Hans Mahr, der nach einem Interview in Lech Kreisky erstmals als »Sonnenkönig« apostrophierte. Das wieder stieß dem Polemiker Thomas Bernhard sauer auf. Er replizierte: »Höhensonnenkönig«.

*

Fotografiert und gefilmt wurde hauptsächlich beim berühmt gewordenen »Pressefoyer« nach dem Ministerrat, einer genialen Erfindung des »Medienkanzlers«. Zwar wurde die Geduld der rapportierenden Zunft oft auf eine harte Probe gestellt, aber was dann folgte, war ein Kammerspiel mit verteilten Rollen, wobei den Journalisten der Part des Stichwortgebers zufiel. »Den Gleichmut wahr' dir im Ungemach. Wahr' ihn desgleichen, lächelt hold dir das Glück.« Nach diesem Motto des Horaz vollzog sich allwöchentlich das Ritual. Kreisky in der Mitte des »Steinsaals«, in genau vorberechneter Distanz zur TV-Kamera, rund um ihn, dicht an dicht, die Journalisten mit ihren Schreibblöcken. Erwartungsvolle Stille in barockem Ambiente. Wie Goldstücke fielen dann die Worte des Meisters. Langsam, wohlabgezählt. Der Dank der Berichterstatter war ihm sicher: Selbst wer nicht stenografieren konnte, trug seinen Schatz sicher in die Redaktion. Bruno Kreisky hatte so langsam laut gedacht, dass hier jeder mitschreiben konnte. Er bediente sich gern altertümelnder Ausdrücke, die das Deutsche so reich machen, sprach von »Annoncen«, von »Trottoir«, bezeichnete oftmals etwas als »töricht«. Und wenn ihm was schon ganz absurd erschien, dann nannte er es »barock«. Einfach barock. »Ja?!«

◇

Er hatte alles, was einen guten Journalisten aus ihm gemacht hätte. Dadurch war er auch vielen Technokraten nicht geheuer, die eifersüchtig über ihr Wissen und ihr Fachchinesisch wachten. Kreisky war klüger als sie. Er verwendete Formulierungen, die dem verwöhnten Intellektuellen gefielen, aber ebenso dem einfachen Mann auf der Straße. Freilich barg diese Einfachheit, die Vereinfachung, auch Schwierigkeiten für jene, die seine Monologe transportieren sollten: Meinte er nun, was er sagte, oder meinte er genau das Gegenteil? Denn nicht immer bedeutete die Anmerkung: »Das erzähl' ich Ihnen aber jetzt nur, damit Sie's wissen«, auch tatsächlich, dass diese Mitteilung vertraulich bleiben sollte. Es konnte genauso gut bedeuten: »Schreiben S' das so, wie ich's jetzt gesagt hab' – mich müssen S' ja net unbedingt erwähnen …«

◇

Zu den klassischen Übungen des Journalismus zählen die großen Sommergespräche in den Medien. Egal ob im Fernsehen oder in den politischen Magazinen soll damit die Sommerflaute an politischen Neuigkeiten überbrückt werden. Spätestens seit Bruno Kreisky sein Haus in Mallorca besaß, waren diese Ausflüge in der Branche sehr beliebt. Als die »profil«-Chefredakteure Helmut Voska und Alfred Worm von einem derartigen Trip nach Hause kamen und das Band des insgesamt siebenstündigen Interviews abhörten, packte sie der Schreck: Kein Ton war zu vernehmen. Was tun? Die beiden, erfahren im Umgang mit dem »Alten«, rekonstruierten, so gut sie eben konnten, das Interview aus dem Gedächtnis, mischten alte Aussagen aus früheren Gesprächen dazu und legten es dem Kanzler zum üblichen Korrekturlesen vor.

Bald darauf kam ein Anruf vom Ballhausplatz: »Sehn S' meine Herren, endlich transferieren Sie, was ich wirklich g'sagt hab!«

Auf Mallorca hielt »der Alte« gerne Hof. Und kein Besucher ging ohne »Sommerinterview« von dannen.

Brunos List

Warum in den Siebzigerjahren genagelte Herrenschuhe »in« waren

Haben Sie noch ein bissel Zeit? Die brauchen wir, weil bei Kreisky alles schön »pomali« dahinging. Hören wir ihm dabei zu, was er antwortete, als er einmal im Pressefoyer gefragt wurde, warum er den Zusammenschluss der beiden verfeindeten Boulevardblätter »Krone« und »Kurier« nicht verhindere: »In meiner Jugend bin ich einmal in Begleitung eines Freundes über den Gürtel nach Hause gegangen. Und zwar dort, wo die ›Damen‹ sind. Plötzlich sehen wir, wie da zwei mit dem Regenschirm aufeinander losgehen. Mein Freund versucht, die ›Damen‹ zu beruhigen, mit der Konsequenz, dass beide gemeinsam auf ihn losgehen. Sehen Sie, genauso würde es auch mir gehen, mischte ich mich in eine Sache ein, die mich gar nix angeht.«

*

Als die Ressortchefin der APA, Brigitte Sauer, in Pension ging, erhielt sie von den Kollegen eine Collage aus vier Bildern: Immer sie im Hintergrund beim Pressefoyer, im Vordergrund die vier Kanzler, die sie erlebt hat: Kreisky, Sinowatz, Vranitzky, Klima. Robert Löffler, der »Krone-Telemax« widmete ihr 1994 eine charmante Glosse, in der er die Vermutung andeutete, bei der schönen Blondine könnte es sich um eine getarnte Leibwächterin handeln, »die vielleicht einen geladenen Bleistift führt und im Busensack eine entsicherte Smith & Wesson stecken hat.« Denn: »Wie der ORF-Kulturredakteur Walter Lehr letztens sagte, halte der israelische Geheimdienst die österreichische Staatspolizei für einen ›Ferzelach‹, zu deutsch etwa: ein Schäslein. Könnte also sein, dass man sich dies zu Herzen nahm und nun mit der einen oder anderen Blondine die Schlagkraft verstärkte.«

◇

Nein, die »Gigi« Sauer war eine klasse Agenturjournalistin. Und sie verteidigte ihren Stammplatz, mit dem sie sich stets in die »Zeit im Bild« katapultierte, auch mit unlauteren Mitteln, wenn es sein musste: Ein unwissender Neuling postierte sich einmal hinter der rechten Schulter von Fred Sinowatz. Frau Doktor Sauer rückte ihrem »Stammplatz« immer näher und stand schließlich mit ihrem gefürchteten Bleistiftabsatz direkt auf dem Fuß des Eindringlings. Nach drei Minuten gab dieser das Revier unter Schmerzensschreien auf.

◇

Dazu passt die Geschichte vom Schuhmachermeister Nágy. Kreisky ließ dort arbeiten. Eines Tages erschien Nágy zur Audienz: »Herr Bundeskanzler, i' hab zu wenig Kundschaft, i' geh in Pension.« Kreisky, zutiefst verstört, aber clever: »Geben S' mir a paar Visitkarten, ich überleg' mir was.« Am nächsten Morgen musterte der Chef die Gehwerkzeuge seines Pressemanns »Jo« Kunz: »Mit solchen Schlapfen geht man nicht im Bundeskanzleramt. Zufällig hab' ich da grad eine Visitkarten gefunden ...« Kunz wusste, was zu tun war. Und binnen kurzer Zeit bewegten sich sämtliche jungen Mitarbeiter Kreiskys in Maßschuhen mit klappernden Eiserln – von Nágy.

◇

1983 war Hans Mahr mit Karl Blecha und Helmut Zilk im Wahlkampfteam für die SPÖ. Der schon kranke Bruno Kreisky wollte es noch einmal wissen. Hans Schmid von der Agentur GGK präsentierte die Ausgangslage auf schwarzen Tafeln, alles wortwörtliche Kreisky-Zitate. Kreisky regte sich fürchterlich auf: »So kann man das nicht sagen, das stimmt ja gar net!« Schmid: »Aber das sind Ihre Worte, Herr Bundeskanzler.« Kreisky: »Nein, nein, da haben S' mich missverstanden.« Schriftliche Festlegungen gab es in diesem Wahlkampf keine mehr.

◇

Drei Tage vor der Wahl 1983 kündigte sich überraschend ein TV-Kamerateam für eine Abendveranstaltung im »Haus der Begegnung« in der Donaustadt an. Interne Besprechung: Ein schmuckloser Saal, viele ältere Mitbürger, viele rote Fahnen mit drei Pfeilen, und vielleicht sogar die Internationale – für das Fernsehen nicht gerade der richtige Rahmen. Innerhalb von drei Stunden wurde alles umgepolt, erzählt Mahr: Blumenarrangements, rot-weiß-rote Fahnen an den Wänden, die Mitglieder des damaligen Jugendclubs der Zentralsparkasse zahlreich im Saal verteilt und beim Eintreten von Kreisky die Bundeshymne. Die Genossen waren zufrieden: Es war ein bisschen ungewöhnlich, aber viel schöner als normal.

*

Für Bruno Kreisky waren Besuche in arabischen Ländern wie Feiertage. Im Oktober 1980 besuchte er König Hussein von Jordanien. Auf dem Programm stand auch ein Besuch der Felsenstadt Petra. Die Journalisten ritten auf den Touristenpferden durch die schmale Schlucht zum Treffpunkt auf dem großen Platz vor dem sogenannten Schatzhaus, Kreisky samt Entourage war auf einem anderen Weg mit einem Geländewagen dorthin gekommen. In der Journalistengruppe waren auch Heinz Nußbaumer und Gerhard Steininger, die sich auf dem Touristenmarkt noch rasch mit Palästinensertüchern versorgt hatten und sich diese fachgemäß umbinden hatten lassen. Kreisky, immer auf der Suche nach irgendwelchen Arabern zum Plaudern, bemerkte natürlich sofort mit Adleraugen die beiden berittenen Figuren mit Kufiya. Als er auf Hörweite herangekommen war, gab's die Enttäuschung. Steininger salutierte und meldete: »Herr Bundeskanzler, ihre arabische Legion meldet sich zur Stelle!« Kreisky machte eine Vollbremsung, rief ganz resigniert: »Ah, Ihr seids dös!«, und kehrte traurig um.

◇

1981, Staatsbesuch bei Ägyptens Präsident Anwar as-Sadat. Vor dem Heimflug nach Wien stand noch eine Besichtigung der Pyramiden von Gizeh auf dem Programm. Kreisky stand fasziniert vor dem Riesenbauwerk. Auch die begleitende Journalistin Marta Halpert – sie ist Jüdin – ließ das bauliche Wunderwerk auf sich wirken. Kreisky stapfte im sandigen Gelände herum und stellte dann lachend, zu seiner Begleiterin gewandt, fest: »Da haben unsere Vorfahren aber schwer gearbeitet.«

*

Ein ganz besonderes Verhältnis gab es zwischen Kreisky und der Korrespondentin der Grazer »Süd-Ost Tagespost«, Barbara Stiglmayr. Frau Stiglmayr war eine resche, höchst liebenswerte Kollegin und Politikern gegenüber vollkommen respektlos. Das forderte Kreisky heraus und er bemühte sich stets besonders, Stiglmayr von seinen Absichten zu überzeugen. Nach einer Sitzung des Ministerrates kam es zu einem intensiven Dialog über ein Wirtschaftsthema, nach den Arabern das liebste Fachgebiet des Kanzlers. Kreisky erklärte und erklärte und Stiglmayr fragte und fragte, zuerst nach Allgemeinem, dann nach Besonderem und schließlich: »Ja, aber was kostet das?« Kreisky: »Also Frau Stiglmayr, nach Zahlen dürfen S' mich nicht fragen, net wahr?!«

Nach der Ente der Grubenhund

Noch so ein Tier, das Angst und Schrecken verbreitet

In der schwarzen Zunft gibt es noch so einen Fachausdruck, der »geflügelt« ist. Seit hundert Jahren geistert er ruhelos durch die Gazetten und sorgt für Angst und Schrecken in den Redaktionen. Es ist der »Grubenhund«, also die arglistige Täuschung oberg'scheiter Redakteure durch aberwitzige Leserbriefe.

◇

Arthur Schütz, geboren 1880 in Sankt Petersburg als Sohn des österreichischen Generalkonsuls, Ingenieur in Wien, machte sich diesen Spaß. Am 18. November 1911 sandte er unter dem Pseudonym »Dr. Ing. Erich R. v. Winkler« der »Neuen Freien Presse« einen Leserbrief über merkwürdige Vorkommnisse anlässlich eines Erdbebens. »Völlig unerklärlich ist jedoch die Erscheinung, dass mein im Laboratorium schlafender Grubenhund schon eine halbe Stunde vor Beginn des Bebens auffallende Zeichen größter Unruhe gab.« Die Redaktion der »Neuen Freien Presse« übersah die Anspielung auf den Förderwagen im Bergwerk, den »Grubenhunt«, und druckte den gelehrten Brief vollinhaltlich ab.

◇

Schütz hatte damit eine Wette gewonnen. Die Idee zu diesem Leserbrief entstand nämlich bei einem Mittagessen mit Freunden im Grandhotel. Die meinten, so einen idiotischen Stumpfsinn könne kein Blatt von Rang bringen. Schütz hielt dagegen, weil er ahnte, dass die »hirnrissige Verkuppelung aller technischen

Begriffe« und die Verwendung eines gut klingenden Absenders genügte. So wurde der »Grubenhund« zum Sinnbild der Verulkung vorgetäuschten Universalwissens. Und ein geläufiger, ein gefürchteter Begriff. Schütz formulierte es so: »Der Grubenhund zerstört den blinden Glauben an das gedruckte Wort.«

◇

Doch der wirkliche Erfinder der gefälschten Leserbriefe war Karl Kraus, wie Hans Veigl in seiner Forschungsarbeit über Schütz herausgefunden hat. Der »Presse«-Hasser hatte schon 1908 etwas über Erdbeben eingesandt – getarnt als Zivilingenieur J. Berdach: »Ich las gerade Ihr hochgeschätztes Blatt, als ich ein Zittern in der Hand verspürte … Ein rascher Griff nach der Bussole bestätigte die Ahnung, da sei ein Erdbeben unterwegs«, faselte der »Fachmann«. Und schloss mit der bemerkenswerten Feststellung: »Meine Kinder, die um jene Zeit noch nicht eingeschlafen waren, hatten nicht das geringste bemerkt, während wieder meine Frau behauptet, drei Erschütterungen gespürt zu haben.« In der folgenden »Fackel« vom 28. Februar 1908 schreibt Veigl, habe sich Kraus als Urheber enttarnt. Mehr noch. Voll des Hohnes wies Kraus nach, dass die »Neue Freie Presse«-Redaktion den Leserbrief sehr sorgfältig gelesen – und redigiert hatte: »Sie hat aus den Stößen, die meine Frau gespürt hat, ›Erschütterungen‹ gemacht, weil man eben in so ernster Sache jede Zweideutigkeit vermeiden muss … Sie schweigt mich seit zehn Jahren tot; sie ignoriert mich als Satiriker und lässt mich nur als Geologen gelten …«

◇

Der Reinfall der »Neuen Freien Presse« überrascht. Denn längst waren die Redakteure darauf gedrillt, die Leserpost genauestens zu studieren, um nicht wieder zum Gespött zu werden wie 1907. Da hatte ein Unbekannter gegen Bezahlung ein Gedicht veröffentlicht, dessen Anfangswörter von oben nach unten gelesen den Satz ergaben: »Ja, die ›Neue Freie Presse‹ ist ein Blatt, das für Geld alles bringt.« Wenig später war der Satz in der »Arbeiter-Zeitung« zu lesen. »Wenn man jetzt noch wissen will, für wie viel Geld die ›Neue Freie‹ alles bringt, so kann ich es verraten: Es hat 16 Kronen gekostet, das Blatt zur Einschaltung einer Selbsterkenntnis zu veranlassen«, schrieb der Herausgeber der »Fackel«. Und das war natürlich niemand anderer als Karl Kraus. Ein Polemiker von Gnaden, »anfangs vielleicht zu sehr unterschätzt, wie man ihn später überschätzte«. Diese weise Charakterisierung stammt von Adam Wandruszka, der in den Fünfzigerjahren den außenpolitischen Teil der »Presse« leitete.

◇

Ob Karl Kraus auch hinter dem »Fake« steckte, das die christlichsoziale »Reichspost« abdruckte, ist ungeklärt. Die brachte einen langen Leserbrief mit technischen Unsinnigkeiten, gezeichnet von einem »Oberstleutnant D. Nuhneburg«. Schade, dass man nicht auf die Idee kam, den Namen von hinten nach vorn zu lesen.

◇

Im Juni 1916 eskalierte der Krieg zwischen Kraus und der »Neuen Freien Presse«. Zum Grubenhund gesellte sich nun noch eine »Laufkatze«, die im Kriege besteuert werden sollte. Jetzt reichte der Redaktion die Verhöhnung: »Bübereien« seien das mitten im Krieg! »Welche Freude, wenn es gelingt, einen durch Nachtarbeit im Kriege abgehetzten Redakteur durch einen Brief mit Fälschung des Absenders zu täuschen und ihn, dessen Gedanken und Empfindungen vom Krieg in Anspruch genommen sind, zu einem Übersehen zu bringen!« Ein verbrecherisches Treiben sei das, urteilte die Zeitung. »Diese Buben sind nicht wert, dass wir sie mit dem Fuße wegstoßen!«

◇

Karl Kraus antwortete darauf mit einer zehnseitigen Polemik in der »Fackel«, die vor Beleidigungen nur so strotzte. »Man muss diesen Banditen (Moriz Benedikt), dessen Gewalttätigkeit gegen die letzten Überreste eines öffentlichen Schamgefühls von der Unterworfenheit hochgestellter Presseknechte erhitzt wird, derart überschreien, dass er die Glorie, die ihm zum Alibi seines Handelns gut genug scheint, erschreckt aus der Pranke fallen lässt und nie wieder auf die Idee verfällt, die große Zeit, an der seine Opfer leiden, als seine eigene Schonzeit aufzufassen.« (Hans Veigl in seinem Buch »Einzelgänger & Exzentriker«.)

*

Karl Graber, vormals Leiter des hochseriösen »Economist«, hielt die edle Kultur des Grubenhundes nach seiner Pensionierung am Leben. Aus Tirol sandte er einen Leserbrief an die »Presse«, gezeichnet als »Diplomingenieur Kaserer«, der eine technische Sensation verhieß: ein Diacylkoaxialkabel für das Telefon, das derzeit auf der Strecke Wien–Innsbruck verlegt werde. Wahre Wunderdinge werde dieses neue Kabel vollbringen, schrieb der Diplomingenieur. Der Nachteil: Vorerst werde man nur von Wien nach Innsbruck, nicht aber umgekehrt telefonieren können …

◇

Ungeklärt blieb lange Zeit hingegen die wahre Identität des »Hobby-Ornithologen Kurt D. Rossel«, der auf der Wissenschaftsseite einen tiefschürfenden Aufsatz veröffentlichen durfte, dass auch Vögel bei allzu ausgiebigem Sonnenbad einen Sonnenbrand davon tragen können. Erst viele Jahre später outeten sich die Verfasser: Stefan Schöffl und Andreas Schwarz, damals in der Lokalredaktion.

◇

Auch Helmut Qualtinger rächte sich an den Zeitungsschreibern. Er versandte auf dem Papier des P.E.N.-Clubs eine Einladung, die er anderntags in der »Arbeiter-Zeitung« nachlesen konnte: »Der bekannte Eskimodichter Kobuk wird morgen auf dem Wiener Westbahnhof zu einer Dichterlesung eintreffen. Aus seinem beachtlichen Werk erwähnen wir nur den Schlittenhund-Roman ›Heia Musch Musch‹. Sein Stück ›Einsames Iglu‹ soll in Wien aufgeführt werden.« An einem heißen Julitag des Jahres 1951 eilten tatsächlich einige Reporter zum Bahnhof. Ein mit Pelzmütze und Pelzmantel vermummter korpulenter Mann stieg schwitzend aus dem Zug. Nach den ersten Wien-Eindrücken befragt, antwortete der Eskimo-Poet in breitem Wienerisch: »Haaß is.«

◇

Ähnlich verfuhr viel später der Lokaljournalist Paul Yvon. Er hatte für die beliebte Spalte »Kleine Chronik« über Trauerfälle, Sponsionen und Ordensverleihungen zu berichten. Im Hochsommer eine brotlose Kunst. Aber die Spalte musste jeden Tag gefüllt werden. Also erfand er eine Kunstfigur. »Ehrungen: Der bekannte Südtiroler Extrembergsteiger Piaz Funder, Erfinder des Piaz-Funder-Schrägspreizschrittes, wurde in München mit dem bayerischen Verdienstorden Erster Klasse ausgezeichnet.« Eine Woche später: »Akademisches: Dem renommierten Extrembergsteiger Piaz Funder aus dem Sextental wird an der Universität Innsbruck wegen seiner Forschungstätigkeit in den Dolomiten das Ehrendoktorat verliehen.« Kein Mensch in der Redaktion nahm daran Anstoß. Irgendwann wollte Yvon diese Knechtschaft beenden. Und sei es durch einen Rausschmiss. Also setzte er folgende Ankündigung ins Blatt: »Der ›Presse‹-Lesern bestens bekannte Südtiroler Extrembergsteiger Dr. h. c. Piaz P. Funder hält übermorgen um 19.30 Uhr in der Wiener Urania (großer Saal) einen Lichtbildervortrag unter dem Titel: ›Wie ich den Extrem-Schrägspreizschritt erfand – unter besonderer Berücksichtigung des Dolomitkalksteines‹.« Bereits am späteren Abend beschwerten sich gefoppte Presse-Leser in der

Chefredaktion, am nächsten Morgen brach das Donnerwetter über Yvon herein. Doch Otto Schulmeister war ein großzügiger Mensch und hatte Sinn für Humor. Yvon durfte bleiben – und »musste« die »Kleine Chronik« an einen Nachfolger abgeben.

*

Das Füllen einer ganzen großformatigen Leserbriefseite ist im Hochsommer eine blutige Arbeit, wenn keine Leserbriefe kommen. Es muss Anfang der Siebzigerjahre gewesen sein, im August. Reinhard Hampel, ein noch ganz junger Redakteur, rannte zum Chefredakteur: »Herr Doktor, i hab keine Leserbriefe. Ich krieg die Seiten net voll.« Schulmeister, sonor: »Hampel, Sie wissen, was Sie zu tun haben.« Nein, Hampel wusste es nicht. Thomas Chorherr half ihm auf die Sprünge – und so diktierten die Kollegen abwechselnd der Sekretärin in die Maschine: »Mit tiefstem Abscheu habe ich die jüngsten Ergüsse Ihres Chefredakteurs lesen müssen, usw. usw.« Der nächste Brief kam vom Nebenmann: »Sie haben den Nagel wie immer auf den Kopf getroffen. Ihr Leitartikel sollte Pflichtlektüre jedes Politikers werden …« Am Tag nach Erscheinen der Leserbriefseite schaute Schulmeister vom Gang aus in die Innenpolitik: »Na, sehen S', Hampel, es geht ja, wenn man nur will!«

◇

Auch bei der Jugend-Seite »18/24« ging es ähnlich zu. Schulmeister wünschte sich ein völlig abseitiges Thema – Roma locuta, causa finita. Das Thema wurde publiziert, das Echo war gleich null. Ein einziger Diskussionsbeitrag kam, der für die Seite verantwortliche Jungredakteur wurde immer bleicher: Wie sollte er mit einem Artikel eine ganze Seite füllen?

Der Redaktionsschluss nahte: Am Montag sollte die Seite umbrochen werden. Am Freitag davor stieg ein redaktionsinternes Geburtstagsfest, das um sechs Uhr in der Früh in einem Kaffeehaus irgendwo am Naschmarkt endete. Reichlicher Alkoholgenuss ließ das Gemeinschaftsgefühl wachsen: Jüngere und ältere Wirtschaftsredakteure beschlossen, dem armen »Jungredakteur« unter die Arme zu greifen.

Gesagt, getan. Alle eilten am Samstag Früh in die Redaktion, jeder setzte sich an seine/ihre Schreibmaschine – die Zeit der Computer war noch lange nicht angebrochen – und tippte eine Stellungnahme. Natürlich war ausgemacht, wer »pro« und wer »contra« schreiben sollte; die Seite sollte ja ausgewogen sein.

Alle gaben freudig beschwipst ihr Bestes, die Seite war rasch gefüllt. Am Tag nach dem Erscheinen stand Otto Schulmeister wieder in der Wirtschaftsredaktion: »Was habe ich Euch gesagt: Das Thema war genau richtig. Die Stellungnahmen waren pointiert, die Seite war die beste seit langem«, donnerte er in den Raum. Wobei er grundsätzlich ja Recht hatte: Die Seite war uns wirklich gut gelungen.

Sinowatz, der Komplizierte

Die Hälfte seines Lebens wartet der Reporter vergebens

Kreisky musste 1983 krankheitshalber abtreten, Fred Sinowatz kam. Und mit ihm brachen öde Zeiten für die Journalisten an.

Der dicke Unterrichtsminister hatte schon zum Amtsantritt vor dem Klischeebild gewarnt, dass Dicke immer gemütlich seien. Kaum zum Parteivorsitzenden gewählt, musste er das auch beweisen. Seine ganze menschliche Breite war vonnöten,

Die »Freundschaft« war schon arg strapaziert, als Kreisky die Macht widerstrebend an Sinowatz abgab.

um den Konflikt Kreisky–Androsch dort hinzudrücken, wo er hingehörte: auf das Nebengeleise einer persönlichen Auseinandersetzung zwischen einem pensionierten Politiker und einem ins Bankgeschäft abgewanderten Minister.

Gleichzeitig begann die »Kronen-Zeitung« gegen das projektierte Donaukraftwerk bei Hainburg Stimmung zu machen. Einer der eifrigsten Gegner war der Journalisten-Gewerkschafter Günther Nenning. Er bekam – dafür bürgt der einstige ÖGB-Kontrollobmann Heinz Kienzl – Geld von der »Krone«, um Aktivisten per Bus in die Stopfenreuther Au zu bringen. Im ÖGB-Präsidium musste Kienzl daraufhin »Brudermord« an Nenning begehen. Er stimmte für den Ausschluss Nennings aus dem Gewerkschaftsbund. Was Nennings weitere Karriere als Journalist übrigens nicht beeinträchtigte.

◇

Fred Sinowatz musste sich als Krisenmanager beweisen. Rund um Hainburg drohte die totale Eskalation. Da kam dem Kanzler knapp vor Weihnachten die Glücksidee, eine Denkpause einzulegen. Die Luft war draußen, wie man auf gut Wienerisch sagt. Das Hainburg-Volksbegehren fiel entsprechend mager aus. Der Kanzler zitierte Dieter Kindermann von der »Krone« zu sich. Der brachte ihm ein Souvenier mit: gestochen scharfe Fotos von der Hainburger Au, aufgenommen von Bernd Lötsch. »Warum zeigen S' mir das«, grantelte Fred Sinowatz, und deckte die Bilder mit seinem breiten Sakkoärmel zu. »Ich war schon in Hainburg. Da gibt's nur lauter Gelsen.«

*

Oft beweisen Reporter verblüffenden Spürsinn, manchmal haben sie aber dabei auch Pech. Zwar munkelte man schon einige Zeit, dass Fred Sinowatz sein Regierungsteam umbesetzen wolle, aber es wurde stets dementiert. Fritz Pesata, alter Radio-Hase und gebürtiger Burgenländer, war privat – wenn es so etwas bei einem Journalisten überhaupt gibt – unterwegs. Vor der einstigen Fürstlich Esterhazyschen Badeanstalt in Großhöflein entdeckte er eine stattliche Anzahl schwarzer Limousinen mit niedrigen Kennzeichen. Die Chauffeure wollten von nichts wissen, der Wirt ebenso. Als er daraufhin Mikrofon und Tonband aus dem Auto holte – quasi als Drohung –, tauchte ein anderer Burgenländer auf, um seinen Landsmann zu beruhigen: Fred Sinowatz: »Sie können ruhig wieder heimfahren. Das ist nur ein Umtrunk unter Freunden.«

Am nächsten Morgen wurde Herbert Salcher durch Franz Vranitzky, Erwin Lanc durch Leopold Gratz, Karl Lausecker durch Ferdinand Lacina und Elfriede Karl durch Gertrude Fröhlich-Sandner ersetzt. Schließlich folgte Helmut Zilk Leopold Gratz als Wiener Bürgermeister nach. Ja, so ein Umtrunk unter Freunden hat's bisweilen in sich.

◇

Ähnliches Reporterpech hatte TV-Mann Wolfgang Fuchs bei einer entscheidenden Sitzung der FPÖ unter Jörg Haider. Die Bundesparteileitung tagte am 4. März 1992 im Innviertel. Als die Sitzung bereits mehr als fünf Stunden dauerte, begannen die vor der Tür wartenden Journalisten zu rätseln, was wohl der Grund für diese Überlänge sein könne – zwischen Heide Schmidt und Jörg Haider hatte es ja bereits ernsthaft zu kriseln begonnen. Kurz vor der »Zeit im Bild« stellten sich Haider und Schmidt den Medien. Die Bombe ließ Haider in einem Nebensatz platzen: Norbert Gugerbauer, Haiders Stellvertreter, Klubobmann im Nationalrat, sei zurückgetreten; er, Haider, sei nun auch Klubchef der FPÖ. Darauf stürmte Wolfgang Fuchs – er hatte die ganze Zeit die Tür belauert, um auf Gugerbauer zu warten – zurück in den Saal. Doch der war leer. Nur ein Fenster war offen …

◇

Der deutsche Bundeskanzler Helmut Kohl machte mehr als 25 Jahre lang Osterurlaub in Bad Hofgastein und Sommerurlaub in Sankt Gilgen. In der Mondseerstraße wurde alle Jahre wieder die »Villa Jütte« für vier Wochen gemietet, die einem Münchner Ehepaar gehörte. Und ebenso rituell wurden an einem Wochenende sämtliche Medien zum obligaten Sommerinterview eingeflogen. RTL wollte ein exklusives Gespräch, bekam auch den Zuschlag, aber Chefredakteur Hans Mahr delegierte die beiden Moderatoren Heiner Bremer und Peter Kloeppel. Antwort aus dem Kanzleramt: »Dann findet das Interview nicht statt!« – »Wieso bitte?« – »Bei so einem Interview muss der Chefredakteur persönlich kommen.« Mahr beugte sich und fuhr an den schönen Wolfgangsee: »Herr Bundeskanzler, ich kann doch nicht ordentlich Hochdeutsch.« Kohl: »Das ist mir wurscht. Wenn ich ein Interview gebe, dann nur dem Chefredakteur.« Und so blieb's auch für den Rest seiner Amtszeit.

◇

RTL in der Ära von Gerhard Schröder als Bundeskanzler: »Der Kanzler hat gelesen, dass RTL eine Parodie auf ihn ins Abendprogramm rücken will«, beschwerte sich sein Staatssekretär am Telefon. »Das findet er gar nicht lustig. Dann gibt er euch auch keine Interviews mehr.« Hans Mahrs Antwort: »Liebe Grüße an den Herrn Bundeskanzler, er soll die Politik machen, und wir machen das Fernsehprogramm. Dabei bleibt's.« Ein Jahr lang hat Schröder daraufhin RTL kein Interview mehr gegeben. Es hat ihm nicht geschadet, aber RTL auch nicht …

Kipferlbäck und Zeitungszar

Wie August Zang 1848 Österreichs Medienwelt revolutionierte

Als Eleve hörte ich mit roten Ohren den Altvorderen zu, beim Heurigen oder im Kaffeehaus, wenn sie von den angeblich wirklich guten alten Zeiten schwärmten, die wir Nachgeborenen leider nicht mehr erleben konnten. Vom alten Moriz Benedikt war da die Rede, dem legendären Chef der »Neuen Freien Presse«, der sich noch vom Fiaker heim zum Mittagstisch kutschieren ließ. Von Ernst Molden, der bis zum Umbruch durch die Nazis »regierte«, vormittags per Dienstauto von der Hohen Warte in die Redaktion chauffiert wurde, mittags daheim speiste und – nach einem Schläfchen – erst gegen Abend wieder im Büro aktiv wurde. Von der »Fichtegasse« war die Rede. Und von der unvergleichlichen Redaktionsatmosphäre, die natürlich durch und durch männlich geprägt war. »Machos« waren sie, die alten Schlachtrösser – so viel stand wohl fest. Da erzählte einer, der es wahrscheinlich auch nur vom Hörensagen kannte, die folgende schlüpfrige Geschichte aus dem Feuilleton:

»In der Fichtegasse waren«, hub der soignierte Kollege an, »Redaktion, Druckerei und Expedit in einem prächtigen Ringstraßenbau untergebracht. Bis auf den Chefredakteur – der war großzügiger untergebracht – hatte jeder Redakteur ein schmales, hohes Zimmer, jedes gleich möbliert: dunkler Schreibtisch, ein runder Tisch mit grünem Tuch bespannt, zwei schwarze Lederfauteuils und ein Ledersofa. Das diente dazu, dass sich die Redakteure zwischen Abendblatt und Morgenausgabe eine Stunde hinlegen konnten. Nicht immer ruhten sie dabei. Eines Tages wurde eine hübsche Schriftstellerin vom Redaktionsdiener zum Feuilletonchef vorgelassen – doch ihr Manuskript wurde nicht gedruckt. Nach einigen Wochen – der Feuilletonchef war verreist – geleitete sie der Redaktionsdiener zum Stellvertreter. Noch immer kein Abdruck. Als ihr der Redaktionsdiener bei der dritten Vorsprache einen Stellvertreter des Stellvertreters anbot, explodierte die Dame empört: ›Jetzt bin ich wegen des blöden Manuskripts schon zweimal gevögelt worden! Mir reicht's!‹« Se non è vero, è ben trovato.

*

Aber da gab es noch davor eine »Steinzeit«. Nämlich die Gründung der »Presse« 1848. August Zang hatte sein Geld als Bäcker in Paris gemacht. Viel Geld. Der Wiener Großbürgersohn gab sich nie mit kleinen Brötchen ab: Zuerst Immobilienspekulationen (die schiefgingen), dann 1838 eine Backstube an bester Adresse von Paris – hinter dem Börseplatz in der Rue de Richelieu. Seine Croissants waren ebenso begehrt wie das Schwarzbrot. Der Hof riss sich um Zangs Erzeugnisse. Und da, in Paris, lernte er »La Presse« kennen. Das probierte er nun auch in Wien aus. Am 2. Juli 1848 erblickte die »Presse« das Licht der Welt. Aber auch als er bereits wohlbestallter Besitzer der »Presse« in Wien war, spottete die Konkurrenz über ihn: »Herr Zang, ehemaliger Bäckermeister, entblödet sich nicht, von Geist, von Talent, von Fähigkeit zu sprechen. Von Dingen, die man nicht vom Backtrog abkratzt und sich zu eigen macht …«

◇

Zang ließ sich von derlei Konkurrenzneid nicht beeindrucken, er war der erste moderne Zeitungsunternehmer Österreichs. Er bot sein Vier-Seiten-Blatt zum Sensationspreis von einem Kreuzer an und war in der Kolportage nicht zimperlich. Auf dem Stephansplatz entriss er einmal einem trägen Verkäufer den ganzen Korb mit Zeitungen und pries seine »Presse« selbst lautstark an. Nach 15 Minuten hatte er alle Exemplare verkauft.

◇

Auch bei der Einführung der ersten Inserate war Zang erfinderisch. Falls Interessenten bei der Gestaltung von Inseraten noch nicht recht bewandert seien, schrieb Zang in der »Presse«, so werde »ein für diesen Zweck besonders bestimmter Redakteur die Fassung jeder Ankündigung mit der größten Bereitwilligkeit übernehmen«.

◇

Als das »Publicum« dennoch zauderte, schritt Zang zur Tat. Zwei Tage nach seinem vergeblichen Aufruf ließ er einen Artikel ins Blatt rücken, wie arg doch die »Brennholz-Kalamität« und die Holzverteuerung in der Wienerstadt seien. Viel zu wenig sei bekannt, dass die städtische Gasanstalt zu billigem Preis mit Koks Abhilfe leisten könne. Die zweispaltigen Koksinserate in den darauffolgenden Tagen waren wohl kaum zu übersehen.

Von der Wirkung seiner Inserate war Zang so begeistert, dass er am liebsten jede Zeile zum Tarif verkauft hätte. »Es muss noch dahin kommen, dass die Königin von England ihre Thronrede als Inserat in die ›Presse‹ gibt«, sagte er. Der liberale Bürgermeister Cajetan Felder nannte ihn wegen seiner Habgier deswegen »Träger einer der widerlichsten Visagen unter der Sonne, in welcher sich fratzenhaft Grobheit, Arroganz, Unverschämtheit, Bosheit und Geldgier malen«.

◇

Zang focht dies nicht an. Im Gegenteil, er genoss die üble Nachrede: »Mein Blatt ist ein Kramladen; ich verkaufe Publizität.« Eines Tages wurde Eduard Hanslick, der legendäre Musikkritiker des Blattes, zum Chef gerufen: Er finde es notwendig, eröffnete ihm Zang, dass alle Künstler, die in der »Presse« besprochen sein wollten, ihre Auftritte in Zukunft zu inserieren hätten. »Wer das nicht tut, über den wird nicht geschrieben!« Hanslick reichte empört seine Kündigung ein – Zang gab nach. Widerwillig. Er hielt es dennoch für eine geniale Idee.

*

Karl Marx (wohnhaft in 9, Grafton Terrace, Maitland Park, Haverstock Hill, London N. W.) schickte ab Oktober 1861 über ein Jahr lang Berichte aus London an das großbürgerliche Wiener Blatt, das ihm von der Blattlinie zwar zuwider war, aber ihm »für österreichische Verhältnisse geschickt und anständig redigiert« erschien – so schrieb er an Ferdinand Lassalle. Und der bestärkte ihn: »›Die Presse‹ ist das demokratischste Journal Österreichs, in jeder Beziehung der Regierung hartnäckig feindlich gegenüber stehend und gerade diesem Unterschied ihre große Blüte verdankend.«

◇

Marx schickte fleißig (44 Artikel haben die Forscher ihm zuordnen können), doch die »Presse« hatte nicht so viel Platz, um alles unterzubringen. »Was ich einzunehmen habe Ende des Monats, wird sich auf 30 Pfund höchstens belaufen, da die Lausekerls von der ›Presse‹ einen Teil meiner Artikel nicht drucken«, beschwerte sich Marx bei Friedrich Engels. Und Chefredakteur Friedlaender flehte den Londoner Korrespondenten an: »Wir müssen uns hinsichtlich der ausländischen Angelegenheiten sehr knapp halten … Vielleicht senden Sie uns hie und da etwas für das Feuilleton!«

◇

Als Marx 1883 völlig verarmt in London starb, widmete ihm seine »Presse« einen schnöden Nachruf: »Das Verderben, welches er schuf, wird vergehen, wie seine Asche … und bald wird auch der Arbeiter erkennen, dass die Freiheit die sicherste Bürgschaft ist für den Wohlstand.« Dass der sozialistische Theoretiker einst für das Wiener Blatt geschrieben hatte, wurde mit keiner Zeile erwähnt.

*

Da hieß das Blatt bereits »Neue Freie Presse«. Und das kam so: Im Mai 1864 revoltierte die Redaktion gegen den despotischen »Presse«-Herausgeber und -Besitzer Zang. Der reiche Geizhals hielt seine Chefredakteure Michael Etienne und Leopold Landsteiner recht knapp. Über Nacht kündigten sie, der Leiter der Administration und fast die gesamte Redaktion handelten ebenso. Als »Neue Freie Presse« begann das Blatt seinen Siegeslauf. Was tat der wutschnaubende Zang? Er führte seine Zeitung noch jahrelang weiter und ließ sich als Liberaler in den Wiener Gemeinderat wählen, wo er die Anlage des Stadtparks durchboxte.

◇

Für das Bürgertum der Jahrhundertwende bedeutete die »Neue Freie Presse« ein »Fenster nach Europa« (Emil Brix). »In Wien gab es eigentlich nur ein einziges publizistisches Organ hohen Ranges, die ›Neue Freie Presse‹«, urteilte Stefan Zweig, der 1901 erstmals ein Feuilleton in der Zeitung veröffentlichen konnte. Elias Canetti schildert in seiner Autobiografie die sakrale Handlung, wenn in seinem kleinen Heimatort Rousse die tägliche »Neue Freie Presse« eingelangt war. »Es war ein großer Augenblick, wenn Vater sie langsam auseinanderfaltete. Sobald er sie zu lesen begonnen hatte, hatte er kein Auge mehr für mich … Auch die Mutter fragte ihn dann nichts, nicht einmal auf Deutsch.« Über ganz Europa war sie verbreitet. Sie war das Blatt der »täglich zweimal verfälschten öffentlichen Meinung«, wie ihr schärfster Kritiker, Karl Kraus, spottete.

Intellektuelle Gegner

Die »Arbeiter-Zeitung«: Feldgeschütz des Proletariats

Das zweite Blatt, das von außerordentlich begabten und renommierten Schreibern redigiert wurde, war die »Arbeiter-Zeitung«, eine Gründung Victor Adlers. Sie war jedoch – im Gegensatz zur »Neuen Freien Presse«, die sich ein Ringstraßenpalais leistete – arm wie eine Kirchenmaus. Wenn ein Redakteur einen Vorschuss erbat, riet ihm Adler: »Borgen Sie sich das Geld aus, ich werde für Sie bürgen …« Der Parteiführer hatte tatsächlich viele Freunde und Bekannte im Großbürgertum, die ihm auch beträchtliche Summen borgten – solange es nicht öffentlich bekannt wurde.

◇

Mit einer hochherzigen Geldspende geriet Victor Adler in eine ähnlich fatale Zwickmühle wie in den Neunzigerjahren des 20. Jahrhunderts der deutsche CDU-Chef Helmut Kohl. Der ließ sich lieber prügeln, als den Namen eines ganz bestimmten Parteispenders zu nennen. Bei Victor Adler war's die Baronin Amelie von Langenau, eine Sternkreuzdame und Generalswitwe mit sozialem Gefühl. Sie sammelte arme Kinder von der Straße auf, bewirtete sie in ihrem Palast – und bekam dadurch Ärger mit der Polizei. Victor Adler half, den »Skandal« beizulegen, dafür revanchierte sich die Adelige in ihrem Testament. Aber in den Parteigremien hatte er Mühe, die Anonymität der edlen Spenderin aufrechtzuerhalten.

◇

1897 musste der Administrator der »Arbeiter-Zeitung«, Julius Popp, dem sozialdemokratischen Parteitag melden: »Sie werden bei größeren Tagesblättern einzelne Redakteure finden, welche einen so hohen Gehalt haben wie unsere ganze Redaktion.«

◇

Die Druckerei war in der Universitätsstraße angesiedelt, die Redaktion befand sich um die Jahrhundertwende in einem Kellerlokal in der Schwarzspanierstraße. Vom Trottoir konnten die Passanten in die tiefer gelegene Redaktionsstube gucken. Wenn ein Redakteur zu Popp kam, um einen Vorschuss von fünf Gulden auf sein Gehalt zu erbitten, musste er mit einem Gulden zufrieden sein. Vor der Tür warteten schon die Ehefrauen, um den bescheidenen Betrag in Empfang zu nehmen, berichtete Adelheid Popp in ihren »Blättern der Erinnerung«.

◇

Victor Adler konnte viel, sehr viel – aber da vermochte auch er nicht zu helfen: »Ja, was soll ich tun, die Redakteure der ›Arbeiter-Zeitung‹ sind unsere Offiziere. Offiziere zahlt der Staat vor allem mit Ehre.«

◇

Aber einen Lehrsatz vermittelte der Armenarzt, Parteigründer und Chefredakteur: »Unser eigentlicher Feind, unser furchtbarster Feind, den wir ausrotten müssen, wenn er sich einschleicht, ist – die Routine!«

◇

Im Juli 1910 konnte sich die Partei endlich ein eigenes großzügiges Redaktions-, Verlags- und Druckereihaus bauen, und zwar an der »Wienstraße 98a«, heute Rechte Wienzeile. Es war zu seiner Zeit das modernste Verlagsgebäude Wiens. Drei Tage nach der Übersiedlung hatte Chefredakteur Austerlitz dennoch etwas auszusetzen: »Die Gegend allerdings ist schrecklich: kein Wirtshaus, kein Kaffeehaus, und wenn man aus der Wienstraße in die ›intellektuelle Burg‹ tritt, fühlt man sich wie verzaubert.«

◇

Kopf und Motor der »Arbeiter-Zeitung« wurde nach 1918 Otto Bauer, der eine unglaubliche Arbeitslast bewältigte. Chefredakteur blieb aber nach wie vor Friedrich Austerlitz, quasi der Zeus im Olymp. Ernst Fischer, der später zu den Kommunisten überlief, begann dort seine Karriere. Beim seinem ersten Besuch ertönte auf dem Gang ein fürchterliches Gebrüll. Fischer: »Victor Adler, der meine Bestürzung wahrgenommen hatte, beschwichtigte: ›Nur keine Aufregung. Austerlitz setzt nur einem Redakteur auseinander, dass er einen Beistrich falsch gesetzt hat.‹«

◇

Austerlitz muss seine Mitarbeiter fasziniert haben. Die Worte entströmten seinem Gehirn mit der gleichen Geschwindigkeit, mit der die Feder über das Papier glitt. Sie hinterließ in feinen Linien winzige Hieroglyphen, die niemand außer ihm und zwei Setzern zu entziffern vermochte. Er war aber auch sehr hochfahrend und liebte es nicht, wenn jeder Angehörige der sozialdemokratischen Partei ihn als »Genosse« ansprach. »Ihr Genosse bin ich noch lange nicht. Für Sie bin ich Herr Austerlitz. Wer mein Genosse ist, möchte ich selbst entscheiden!« (Peter Pelinka, Manfred Scheuch, »100 Jahre AZ«, 1989)

◇

Austerlitz und Otto Bauer – sie machten die »Arbeiter-Zeitung« zum ideologisch führenden Kampfinstrument der Partei in der Ersten Republik. Wer aber glaubt, dass dies mit tollen Gagen verbunden war, der irrt gewaltig. Redakteur David Joseph Bach beschwerte sich beim Chefredakteur: »... dass ich nachgerade die Verantwortung für irgendwelche Manuskripte ablehne, da es mir nicht gelingt, auch nur einen Kasten ... zu bekommen. Es ist genug, dass ich täglich einen erbitterten Kampf um einen Stuhl führen muss. Vielleicht wäre es doch möglich, für den Leiter des Feuilletons der ›Arbeiter-Zeitung‹ doch das durchzusetzen, was der jüngste Administrationsbeamte des ›Kleinen Blattes‹ ohne Weiteres zugebilligt erhält.«

*

Der spätere Bundespräsident Theodor Körner war im Ersten Weltkrieg Oberst des Generalstabs. Es ist überliefert, dass er einmal in Vertretung des erkrankten Korpskommandanten ein kriegsgerichtliches Todesurteil wegen Aufruhrs bestätigte. Die »Arbeiter-Zeitung« berichtete damals über den Fall: »Der Elende, dem diese sinnlose Tötung eines Menschen zur Last fällt, ist der Oberst Körner, dem für den erkrankten Korpskommandanten die Bestätigung zufiel. Wir können nicht mehr tun, als dass wir den herzlosen Menschen der allgemeinen Verachtung übergeben!« Einige Jahre später fiel das Urteil der »Arbeiter-Zeitung« ganz anders aus.

*

Am 2. Jänner des Jahres 1900 tauchte ein völlig neues Tagblatt in Wien auf: die »Kronen-Zeitung« (ein Abonnement kostete im Monat eine Krone). Gustav Davis und Leopold Lipschütz wussten, was die Masse gerne las: kurze Artikel, große Zeichnungen, alles möglichst unterhaltsam, möglichst unpolitisch. Eine Masche, mit der die »Krone« auch heute noch gut fährt. Lipschütz brachte sein Erfolgsmotto auf den Punkt: »Ich sag euch was, meine Herren: San ma g'scheit, bleib' ma blöd!«

◇

200 000 Exemplare verkaufte die »Krone« in der Zwischenkriegszeit – eine gewaltige Leistung journalistischer und kaufmännischer Arbeit. Die Sozialdemokraten suchten nach einer

Wunderwaffe, um ihre Stammwählerschaft bei der Stange zu halten – die Auflage der »Arbeiter-Zeitung« sank ständig und bedrohlich. 1927 wurde daher das »Kleine Blatt« gegründet, eine Kampfansage an die »Krone« – durchaus erfolgreich. Freilich: Die Auflage der »Arbeiter-Zeitung« schmolz dadurch noch schneller, von 100 000 Stück auf 83 000 im Jahr 1932. Warum sollte der Arbeiter 18 Groschen ausgeben, wenn er auch für sieben Groschen die nötigsten Informationen bekommen konnte?

◇

Dazu eine Begebenheit aus unseren Tagen. Als Michail Gorbatschow vor ein paar Jahren Werbung für die ÖBB machte (die Hans Dichand grauenhaft fand), tauchte in den internationalen Agenturen ein tolles Foto von »Gorbi« mit der Weltkugel in den Händen auf. »Der Mann, der die Welt verändert hat, mit der Weltkugel – das ist doch ein Einser-Foto!«, sagte der Chefredakteur-Stellvertreter Christoph Biró begeistert zu Hans Dichand. »Nein«, antwortete der. »Mag sein, dass er die Welt verändert hat – aber er macht schlechte Werbung!« Das Foto ist in der »Krone« nie erschienen.

Das Ringstrassenpalais

»Die Fichtegasse« beherrschte die Politik des Kaiserreichs

Zurück zur guten alten »Neuen Freien Presse«. Das Weltblatt beschäftigte zur Zeit der Wiener Weltausstellung 1873 rund 40 interne Redakteure, 80 Korrespondenten im Ausland, 100 Korrespondenten im Inland und 150 Mitarbeiter und Berichterstatter für die diversen Rubriken im Blatt, 21 Administrationsbeamte, zehn Diener, rund 100 technische Gehilfen und 100 Arbeiter. In der Fichtegasse 11, gleich ums Eck zum »Kolowratring« (heute Parkring), entstand der »Arbeitspalast«, das Druckerei- und Redaktionsgebäude. Erstmals konnte hier das »endlose Papier« von riesigen Papierrollen verarbeitet werden – eine Sensation für mitteleuropäische Verhältnisse.

◇

Der junge Prager Journalist Egon Erwin Kisch erhielt vom »Presse«-Herausgeber Moriz Benedikt den Auftrag, eine Reportage über Konopischt, das Schloss des Thronfolgers Erzherzog Franz Ferdinand, zu schreiben. Kisch schlich sich in den prächtigen Park – und wurde vom wütenden Besitzer überrascht: »Ich dulde nicht, dass über das Schloss etwas in die Zeitung kommt.« – »Kaiserliche Hoheit«, erwidert Kisch kühl, »was in der ›Neuen Freien Presse‹ erscheint, bestimmt niemand anderer als Herr Moriz Benedikt!« Der Thronfolger lief blutrot an, krampfte die Hände zusammen, als wolle er den Reporter erwürgen. Doch er musste sich wortlos geschlagen geben. Hocherhobenen Hauptes schritt Kisch beim Tor hinaus. Der Erbe eines Weltreiches war besiegt.

◇

Später, als die Monarchie in den letzten Zügen lag, war Kisch ideologisch bei den Bolschewiken gelandet. 1918 stürmte er mit vorgehaltener Pistole die Redaktionsräume der »Neuen Freien Presse« in der Fichtegasse. Dort stellte sich ihm ein Redakteur des Blattes entgegen: sein Bruder Paul. Und der setzte den Revoluzzer mit einem Satz schachmatt: »Na, warte nur, Egon, das schreibe ich der Mama nach Prag!«

*

Wer glaubt, die journalistische Familientradition gelte nur bei den Dichands, bei Mucha oder Fellner, der irrt. Gewaltig. Auch Moriz Benedikt herrschte in seiner Familie unumschränkt. Im Fiaker Richtung »Presse«-Redaktion unterrichtete er seinen Sohn Ernst, dass er ihn zum Herausgeber und Chefredakteur machen werde. Der Sohn flehte, er wolle lieber Künstler werden. Worauf der alte Benedikt den Kutscher anhalten ließ und den Filius vor die »Wahl« stellte: »Entweder du wirst Chefredakteur, oder du steigst jetzt aus und lebst fortan als Fremder und Enterbter.« Ernst unterwarf sich dem väterlichen Willen. So etwas kommt – wie expliziert – in den besten Familien vor.

*

Karl Kraus umwarb das Weltblatt längere Zeit, fand aber keine Anstellung. Daraufhin kippte die Bewunderung des hoffnungsvollen Schriftstellers und Feuilletonisten in ätzenden Hass auf die »Presshyänen« in der »Neuen Freien Presse«. In den »Letzten Tagen der Menschheit« wird in der 27. und 28. Szene des ersten Aktes der im Vatikan um den Frieden betende Papst Benedikt XV. dem in der Redaktion diktierenden Moriz Benedikt gegenüberstellt: Es geht um die Erfolge der Österreicher in der Adria; die »Fische, Hummern und Seespinnen« hätten an der Besatzung eines versenkten italienischen Schiffes reichlich Nahrung gehabt – ein Text, dessen Grausamkeit schockiert. Im Epilog dieses Dramas tritt dann Moriz Benedikt als der »Herr der Hyänen« auf: »Ich traf mit Druckschwärze / den Erzfeind in das Herze! / Und weil es ihm geschah, / sollt ihr den Nächsten hassen, / um Judaslohn verlassen – / der Antichrist ist da!« Der Chefredakteur als der Leibhaftige, das ließ – gleichgültig auf welcher Seite man in dem Konflikt stand – keine Versöhnung zu. Und so stellte Kraus letztlich fest: »Es gibt zwei schöne Dinge auf der Welt: der ›Neuen Freien Presse‹ angehören – oder sie verachten!«

◇

Zur letzteren Kategorie gehörte nicht nur der geniale Kraus, sondern logischerweise auch die »Arbeiter-Zeitung«. So wetterte Friedrich Adler: »Die großen Meinungsfabriken sind kapitalistische Unternehmungen ersten Ranges. Sie betreiben, wie Victor Adler manchmal sarkastisch sagte, ›Papierkonfektion‹. Sie wählen die Artikel, mit denen sie das Papier bedrucken, nach genau denselben Grundsätzen, nach denen der Leinwandfabrikant die Muster wählt, die er aufdrucken lässt … So werden sie zu Werkzeugen der Verdummung und dienen indirekt der Aufrechterhaltung des kapitalistischen Systems.«

*

In der Feuilletonredaktion der »Neuen Freien Presse« wurde die Idee vom »Judenstaat« ersonnen, also die Abkehr von den Assimilationsbemühungen der Wiener großbürgerlichen Juden. Es war Redakteur Theodor Herzl, ehemaliger deutscher Burschenschaftler und durchaus geneigter Assimilant, der seinen Glaubensgenossen den Weg nach Palästina empfahl. Moriz Benedikt, der aus Eigenem wusste, was seine Leserschaft erwartete, ließ Herzl zwar in Buchform gewähren – aber in der »Neuen Freien Presse« durfte keine Zeile davon erwähnt werden. Denn Herzls Appell an die Glaubensbrüder 1896 glich einem Fanfarenstoß:

»Wir sind ein Volk. Wir haben überall ehrlich versucht, in der uns umgebenden Volksgemeinschaft unterzugehen und nur den Glauben unserer Väter zu bewahren. Man lässt es nicht zu ... In unseren Vaterländern werden wir als Fremdlinge angeschrien ...« (»Der Judenstaat«). 1897 trommelte Herzl den Ersten Zionistischen Weltkongress nach Basel zusammen. Die »Neue Freie Presse« berichtete als einziges Journal mit keinem Wort darüber.

◇

Herzl reiste quer durch die Welt, um sein Ziel, die jüdische Auswanderung nach Palästina, voranzutreiben, er korrespondierte mit den Rothschilds, mit Wilhelm II., mit dem Sultan Abdul Hamid – alles auf »Presse«-Briefpapier, weil ihm das die Türen öffnete. Moriz Benedikt bewunderte Herzl heimlich – und zahlte ihm jahrelang sein Gehalt, da hatte der Feuilletonist schon längst keine Zeit mehr für Redaktionsarbeit.

◇

Auch bei manchen Schriftsteller-Kollegen stieß Herzl auf wehmütige Ablehnung. So schrieb Moses Joseph Roth über die Zionisten: »Den Mangel an einer eigenen Scholle in Europa ersetzen sie durch das Streben nach der palästinensischen Heimat. Sie waren immer Menschen im Exil gewesen. Jetzt werden sie eine Nation im Exil.« Und, so ist beim späteren Autor der »Kapuzinergruft« und des »Radetzkymarsch« zu lesen: »Der moderne Zionismus entstand in Österreich, in Wien. Ein österreichischer Journalist hat ihn begründet. Kein anderer hätte ihn begründen können.«

◇

Auch der spitzeste Bleistift in der »Neuen Freie Presse«, Daniel Spitzer, hatte nur milden Sarkasmus für Kollegen Herzl übrig. »Die Mehrzahl der Menschen braucht immer eine Minderzahl, die sie von Zeit zu Zeit ihren Unmuth fühlen lassen kann. Wenn die Juden sich in Palästina niederließen, so würden sich die übrigen Völker, sobald es ihnen nur irgendwie schlecht ginge, nach ihnen sehnen und zerknirscht ausrufen: ›Ach Gott, hätten wir nur wieder unsere Juden, dass wir sagen könnten, sie seien an Allem schuld!‹«

*

Spitzers wöchentlich erscheinende Kolumne »Wiener Spaziergänger« wurde von der Hautevolee Wiens mit banger Vorfreude erwartet, denn er trieb seine Scherze meist auf Kosten der städtischen Schickeria – der Leserschaft sozusagen. Die Satiren erschienen auch gebunden – der fleißige Spitzer schaffte es auf sechs Bände. Über einen reichen Bankier urteilte der Spötter: »Nach Ansicht der einen soll der Mann viel verdient und sich dabei etwas zurückgelegt haben, nach anderen wieder soll sich die Frau etwas zurückgelegt und dabei viel verdient haben.«

◇

»Die Freude an seinen Feuilletons begann schon in der Setzerei«, berichtet Spitzers Kollege Ludwig Speidel. »Während gesetzt wurde, flog manchmal hinter dem Setzkasten ein Gelächter auf. Das Gelächter folgte den anderen Tag durch die ganze Stadt.« So etwa bei Spitzers Bonmot: »Es ist interessant, dass die meisten österreichischen Dichter früher Beamte waren – ja, ja, Müßiggang ist aller Laster Anfang!«

◇

Ganz besonders aber hatte Spitzer es der höchst umstrittene Dichter und Tonkünstler Richard Wagner angetan – ganz im Sinne des Musikkritikers Eduard Hanslick, der in der »Neuen Freie Presse« Wagner regelrecht in der Luft zerriss. Spitzer besuchte die »Walküre« in Bayreuth und konstatierte, eigentlich unter seinem Niveau, recht platt: »Die Wagnerianer waren ganz weg vor Entzücken, und ich war auch ganz entzückt, als ich weg war.« Und über die »Meistersinger« schrieb Spitzer: »Man denke an ›Lumpazivagabundus‹ auf der Bühne, während das Orchester dazu die ›Eroica‹ aufspielt.«

◇

Ludwig Speidel selbst (er war Burgtheater-Kritiker mit einem eigenen »Sperrsitz« samt Namenstafel) verfocht ebenfalls wacker die »Blattlinie«, wenn es nur gegen Wagner ging. Obwohl nicht gerade Spezialist in Sachen Opernkunst, spitzte Speidel seinen Bleistift folgendermaßen: »Es muss im heutigen Opernpublikum ein leidenschaftlicher Hang, sich zu langweilen, vorhanden sein, anders ist die Vorliebe für Wagners Musik nicht zu erklären.«

Dabei war Speidel alles andere als ein flotter, luftiger Schreiber. Der Großmeister des Wiener Feuilletons stöhnte und ächzte am Schreibtisch, für ihn war jede Zeile schmerzensreich. Zu seinem 70. Geburtstag versammelte sich die gesamte Redaktion im »Sacher« – alle Herren in Frack. Nach endlosen Laudationes wartete man gespannt auf die funkelnde und geschliffene Dankesrede des Geehrten. Doch der sprach nur die Worte: »Das Feuilleton ist die Unsterblichkeit des Tages …«, setzte sich und war zu keinem weiteren Wort zu bewegen.

◇

Meister Hanslick selbst war in der Musikwelt gefürchtet. Mit einer spitzen Bemerkung konnte er aufkeimende Talente vernichten. Wer es trotzdem schaffte, der musste schon Genie besitzen. Giuseppe Verdi hatte es. Dem »Troubadour« gab Eduard Hanslick bestenfalls zwei Pflichtaufführungen. Eine »Missgeburt« sei das, die Musik »schwindsüchtig wie die Heldin«, nur dadurch interessant, »dass sie zeitweilig auch an Delirium tremens leidet.« Bei der Premiere der »Sizilianischen Vesper« urteilte Hanslick: »Tönendes Greuel«, »musikalische Blasphemie«, »ästhetische Injurie.« Von Hanslick stammt übrigens der schöne Satz, den viele Kollegen befolgt haben. Als ihn die »Wiener Zeitung« mit einer höheren Gage abwerben wollte, sprach er stolz: »Von der ›Neuen Freien Presse‹ scheidet man um keinen Preis.«

*

Im Jahre 1892 erbrachte der überragende Journalist Moriz Benedikt seine Meisterleistung. Es gab diplomatische Verstimmung zwischen Berlin und Wien, der von seinem Kaiser entlassene Reichskanzler Fürst Bismarck weilte gerade in Wien. Er ließ den Chef der »Neuen Freien Presse« mit dem Fiaker von daheim abholen, um ihm ein Interview zu gewähren – und zwar sofort. Benedikt nahm Zylinder und Handschuhe und fuhr spornstreichs mit der Kutsche ins Hotel. Er ahnte, dass auch nur ein falsches Wort zu ernsten europäischen Verwicklungen führen konnte. Doch Benedikt hatte weder Bleistift noch Papier bei sich. Aus dem Gedächtnis rekonstruierte er in der Redaktion das gesamte Gespräch und druckte das Interview anderntags. Eine Vorlage und Korrektur bei Bismarck war unmöglich, der war inzwischen abgereist. Das Interview, in dem der geschasste Reichskanzler mit der wilhelminischen Großmannssucht abrechnete und die beiden Weltkriege schon voraussah, machte Furore in ganz Europa. Und Bismarck? Wie reagierte der? Mit einem Wortspiel auf einer Visitkarte, die er aus Deutschland nach Wien sandte: »Benedictus bene dixit!«

◇

Die Hälfte des Jahres verbrachte Benedikt auf seinem Sommersitz am Semmering. Diesen Luxus leistete sich der überragende Zeitungsmann. Und weil er mindestens so einflussreich wie die ständig wechselnden Ministerpräsidenten war, musste die örtliche Telegraphenstation Tag und Nacht besetzt sein. Denn Benedikt schickte fast täglich einen handgeschriebenen Leitartikel »vom Berg« nach Wien.

◇

Ja, man mochte noch so revolutionär und respektlos gewesen sein – ein junger Autor konnte sich doch eines Gefühls der Selbstbestätigung nicht erwehren, wenn er eingeladen war, den Weg in »die Fichtegasse« anzutreten. »Eine enge Treppe führte hinan«, schilderte der längst verstorbene Piero Rismondo die Szene, »zu einer braun gestrichenen Tür, über der ein altes Schild mit schlichten Goldbuchstaben hing: ›Redaction‹. Das Altmodische hatte etwas Souveränes. Damals empfing den Neuankömmling längst nicht mehr Theodor Herzl, sondern der verantwortliche Redakteur Julian Sternberg. Als ich im Gespräch unwillkürlich mit einem Aschenbecher zu spielen begann, riss er ihn mir aus der Hand: ›Lassen Sie das, nervös sind wir hier selber!‹«

*

Sportredaktion gab es in diesen Zeiten noch keine. Es war nur der Beharrlichkeit des Wiener Leichtathleten Felix Graf zu verdanken, dass ihn die Redaktion ab und zu eine Sportmeldung schreiben ließ. Man stellte ihm großzügig einen Raum zur Verfügung und maximal zehn bis fünfzehn Druckzeilen – pro Woche.

◇

Wenn sich eine sportliche Notiz unter keinen Umständen verhindern ließ, dann verfasste sie ein Lokalredakteur. Ohne jedes Fachwissen. Leider. 1896 musste die »Neue Freie Presse« eine peinliche Berichtigung bringen: Es habe nicht, wie vortags gemeldet, »der in St. Louis wohnhafte Grieche Bessilocas« den olympischen Marathonlauf gewonnen, sondern ›der Grieche S. Luis vor seinen Landsleuten Bessilacos und Bellocas.« Die Skepsis gegenüber sportlichem Getue hielt die »Neue Freie Presse« sogar noch bis 1946 hoch. »Es entspricht nicht dem Wesen der

Frau, die letzten Kraftreserven aus dem Körper herauszuholen. Solche Kämpfe zerstören die Weichheit der Gesichtszüge!« (13. Juli 1946)

◇

Diese »elitäre« Tradition hielt die »Presse«-Redaktion also noch in der Nachkriegszeit hoch. Ernst Molden leitete die Handvoll Mitarbeiter wie ein Vater. Kleinigkeiten überließ er gern seiner allmächtigen und zu Recht gefürchteten Chefsekretärin Eli Heringer.

Als Kurt Jeschko telefonisch einmal seinen Matchbericht der Sportsekretärin aus dem Wembley-Stadion diktierte, platzte Fräulein Heringer herein und drückte die Telefongabel nieder: »Schluss jetzt! Die Telefonrechnung wird zu hoch!« Auf das Resultat mussten die »Presse«-Leser anderntags verzichten.

Unterm Strich

Feuilletonisten, Hohepriester der Sprache. Oder was …

Die Kulturredaktion einer Qualitätszeitung vereint in ihren Kämmerchen die unterschiedlichsten Käuze, Sonderlinge und tiefsinnigen Querdenker. Da war wieder einmal viel die Rede von angeblichem Leben auf dem Mars. Man diskutierte angeregt, während in seiner abgeschiedenen Klause der Kritiker Markus Siber ungewöhnlich lange und völlig still an einem Text feilte. Seit Stunden hatte man nichts mehr gehört von ihm. Er hatte das Kurzzeichen »mars«. Wissenschaftsredakteur Thomas Kramar platzte schließlich der Kragen: »Die Frage ist nicht: Gibt es Leben auf dem Mars? Sondern: Ist noch Leben im mars?«

◇

Hans Haider, Literaturpapst und Hohepriester des Feuilletons, verbat sich energisch jeglichen Besuch von Lesern, Dichtern oder lästigen Petenten in der Redaktion. Einmal konnte er das nicht verhindern und hörte einer alten charmanten Dame erstaunlich geduldig zu: »Mein Manuskript sollte halt bald gedruckt werden, Herr Professor. Ich bin neunzig, sonst bin ich schon im Himmel, wenn das in der Zeitung steht.« Haider fand die passenden Worte: »Gnädige Frau, nach allem, was wir über den Himmel wissen, darf ich Sie beruhigen: Man liest dort die ›Presse‹.«

◇

Haider reiste oft und ausgesprochen gern. Nicht, ohne der Kulturredaktion genaue Direktiven für die Seitengestaltung zu hinterlassen. Als er eines Tages nach Tirana aufbrach, schrieb er folgende Epistel für die »Schreibtisch-Redakteure«: »Werte Kulturschaffende, ehe ich mich in die Schluchten des Balkan begebe, wo bekanntlich die Damen keine Handtaschen, sondern ein Messer tragen, ein Hinweis: Die Fotos von der hübschen Schweizer Kunstkritikerin, die auf die nächste Atelierseite kommt, liegen bei mir ... Bitte jenes mit den schönen Beinen verwenden!«

◇

Mit einer Beschwerde gewichtiger Natur bekam es einmal Karl Woisetschläger, Chef des samstägigen »Spectrums«, zu tun. Der Wortwechsel mit einem Wiener Rechtsanwalt, der eine »Geschmacklosigkeit« in der Wochenend-Beilage rügen wollte, endete mit dem verblüffenden Bekenntnis des Anrufers: »Auch ich bin an sich liberal, ich stamme aus alter liberaler Familie. Meine Familie liest seit 1848 die ›Presse‹. Im Abonnement!«

◇

Haider, zugleich Vorsitzender des Redaktionsausschusses, musste am Vormittag erfahren, dass Ex-ORF-Generalintendant Gerd Bacher sich als künftiger »Presse«-Herausgeber für eine neuerliche Kandidatur als ORF-Chef in Position bringen wollte. Am frühen Abend erreicht ein Redakteur des »Standard« Hans Haider, der ins Telefon diktierte: »Der Bacher kann von mir aus ÖAMTC-Präsident werden, aber auf keinen Fall ›Presse‹-Herausgeber!« – Am nächsten Tag wurde Haider bestraft: Beurlaubt mit sofortiger Wirkung bei vollen Bezügen. Worauf Kultur-Redakteur Wilhelm Sinkovicz bei Chefredakteur Chorherr hineinplatzte: »Herr Doktor, wie, wo und wann darf ich wen beleidigen, damit ich dasselbe bekomm' wie der Haider?«

◇

Als Journalist Haider zu heißen, schuf bisweilen unliebsame Probleme. Ein »Dr. Haider« stand – nicht das erste Mal – auf der Gästeliste des jährlichen Festdinners von B'nai Brith in einem großen

Wiener Hotel. Als Ehrengast war Schimon Peres, damals Außenminister, mit einer Rede zur Lage in Israel angesagt. Dass die Liste der Gäste vorab nach Israel gelangte, ist als übliche Sicherheitsarbeit gutzuheißen. Nur wurden die Daten auch einem Journalisten zugespielt, der Peres sofort wegen eines Zusammentreffens mit dem FPÖ-Chef attackierte. Peres sagte rasch die Reise und die Rede ab. Der Journalist Haider erfuhr das erst aus der »Kronen-Zeitung«, die vom Affront der Israelis wortreich berichtete. Die Gastgeber verhielten sich nobel still. Doch auch ohne dass er gebeten worden wäre, meldete sich der Stein des Anstoßes bei den Gastgebern krank. Peres kam und redete.

◇

Junge Autoren müssen vom Feuilleton der Zeitungen gefördert werden. Ein solcher Nachwuchsschriftsteller war Alois Hotschnig vor zwanzig Jahren. Ein Kulturredakteur vereinbarte mit dem Tiroler Dichter einen Interviewtermin im Café Central. Zur vereinbarten Stunde saßen die beiden auch tatsächlich im »Central«: Der Wiener im Innsbrucker Café dieses Namens, der Künstler hingegen harrte im Wiener »Central« des Interviewers. Die Dinge klärten sich nur mühsam auf. Die Mobiltelefonie war noch nicht erfunden.

*

Wagen wir wieder einen Sprung zurück in der Zeit. Die Romane und Novellen des in Galizien geborenen Joseph Roth sind heute Kult. Seine unüberschaubar vielen Beiträge für die Feuilletons der großen deutschen Zeitungen nach dem Ersten Weltkrieg hat der Wind verweht. Er arbeitete wie ein Besessener, weil ihn die stete Geldknappheit dazu zwang. Auf eine Rüge der »Frankfurter Zeitung« antwortete er deren Chefredakteur: »Ich zeichne das Gesicht der Zeit. Das ist die Aufgabe einer großen Zeitung. Ich bin ein Journalist, kein Berichterstatter, ich bin ein Schriftsteller, kein Leitartikelschreiber!«

◇

Und Roth war ein ganz großer Journalist. Er konnte keinen Unterschied zwischen den Höhen des Dichters und dem Alltag des Feuilletonisten erkennen. Als solcher fühlte er sich von den Redaktionen, für die er schrieb, unterschätzt. »Man kann Feuilletons nicht mit der linken Hand schreiben«, wies er die »Frankfurter Zeitung« zurecht. »Man darf nicht nebenbei Feuilletons schreiben. Es ist eine arge Unterschätzung des ganzen Fachs. Das Feuilleton ist für die Zeitung ebenso wichtig wie die Politik und für den Leser noch wichtiger … Die moderne Zeitung braucht den Reporter nötiger als den Leitartikler. Ich bin nicht eine Zugabe, nicht eine Mehlspeise, sondern die Hauptmahlzeit!«

*

Von Musikkritiker Alexander Witeschnik stammen die folgenden drei Journalisten-/Musiker-Geschichten.

Als der 83-jährige Richard Strauss im ersten trostlosen Nachkriegsjahr 1946 in einem Zeitungsinterview gefragt wurde: »Und was sind Ihre Pläne für die Zukunft?«, antwortete er lakonisch: »Na, sterben halt!«

◇

Zur selben Zeit gab es im Teatro Colon in Buenos Aires eine glanzvolle »Tristan«-Premiere. Am Pult stand Erich Kleiber, der Musikalische Chef des Hauses. Nach der Aufführung zahllose Vorhänge. Als Kleiber auf die Bühne kam und den Sängern dankte, meinte einer: »Na, wir werden ja sehen, was die Kritik morgen schreibt. Hier soll es ja noch gewisse Ressentiments gegen deutsch sprechende Sänger geben.« – »Ach was, kümmert euch nicht drum«, riet Kleiber. »Macht es einfach so wie ich: Ich rühre keine Zeitung an.« Anderntags wollte ein Sänger frühmorgens Kleiber besuchen: »Nein, der Papito ist nicht da«, bedauerte das öffnende Söhnchen. »Er wird aber gleich wiederkommen. Er ist nur Zeitungen holen ...«

◇

Hans Hotters erstes Gastspiel in England nach dem Weltkrieg fand nicht auf der Bühne, sondern im Rundfunk statt. Bei der BBC hatte er einige Lieder zu singen. Hotter war drüben noch so gut wie unbekannt und sein Englisch recht lückenhaft. Als er am Morgen nach seiner Ankunft eine Zeitung in die Hand bekam, traute er seinen Augen nicht. Da stand auf der ersten Seite in Riesenlettern: »Hotter in London and more to come.« Erst allmählich wurde der Sänger aufgeklärt: Es war der Bericht über die herrschende Hitzewelle.

Figl und seine Freunde

Einfache Menschen, aber große Staatsmänner

Als im April 1955 eine österreichische Viererdelegation überraschend nach Moskau eingeladen wurde, war für Eingeweihte klar: Jetzt – oder nie – bekommen wir unseren Staatsvertrag. Als der Durchbruch nach Wien gemeldet wurde (bemerkenswerterweise zuerst an den ÖVP-Generalsekretär Josef Scheidl), produzierte der »Kurier« für den 14. April eine Sonderausgabe. Der Notfallplan funktionierte ganz gut, nur auf die Zeitungsausträger hatte man vergessen. Also mussten die Redakteure ans Werk gehen. Auf dem Stephansplatz hatte der Leiter des Lokalressorts, Reinald Hübl, Aufstellung genommen und trompetete: »Soonderaussgabee!« Ein ehemaliger Studienkollege kam vorbei und zischte ihm zu: »Dass du für die Zeitung arbeitest, wusste ich, aber als Kolporteur, das wusste ich nicht.« – Hübl freilich war nicht auf den Mund gefallen. »Geh ums Eck in die Kärntner Straßn, da steht der Dichand!«

◇

Scheidl wurde dann als Chef des Österreichischen Rundfunks Vertrauensmann der ÖVP in diesem heiklen Medium. Der Proporz wucherte, die Intrige ebenso. Auf seinem Rundgang traf Scheidl zwei tuschelnde Kollegen. »Na, haben S' am End' gegen mich intrigiert«, scherzte der Generaldirektor. »Nicht gegen Sie«, war die Antwort, »sondern gegen Ihren Nachfolger.«

◇

Unvergesslich, dieser 15. Mai 1955 – der Schlosspark des Belvedere mit tausenden jubelnden Österreichern gefüllt. Ich durfte als Zehneinhalbjähriger auf den Schultern meines Vaters sitzen und mein rotweißrotes Papierfähnchen schwenken. Über Lautsprecher hörten wir die kurzen Ansprachen der vier alliierten Außenminister und dann den Schlusssatz unseres Leopold Figl: »Österreich ist frei!« Wer als Erster die Behauptung in die Welt setzte, Figl habe das nachher auf dem Balkon zu der Menschenmenge gerufen, ist heute nicht mehr nachvollziehbar. Jedenfalls behaupteten es danach sogar noch lebende Augenzeugen.

Also, so viel kann ich bezeugen: Man hätte den »Poldl« im Park ohne Mikrofon nicht gehört. Da stand er auf dem Balkon, strahlte, und für uns alle war es die Erfüllung eines schönen Traumes. Dann winkte er. Bis heute bin ich überzeugt, dass das mir galt. Auf allen historischen Fotos suchte ich mich. Fand mich aber nie. Ich war halt noch zu klein.

◇

Für Fritz Muliar hatte das Ereignis doppelte Bedeutung: Er trat mit der ersten Fernsehsprecherin Österreichs, »Franzi« Kalmar, vor den Standesbeamten. Eine Wiener Zeitung titelte: »Österreich ist frei – Muliar gefangen.«

*

Leopold Figl. Einer der populärsten Nachkriegspolitiker, zu Lebzeiten schon eine Legende. Im Frühjahr 1965 plante man im ORF Jubiläumssendungen zum 20. Geburtstag der Republik. Man suchte im Archiv die berühmte Weihnachtsansprache Figls, die in ihrem Kern lautete: »Ich kann euch nichts schenken, keinen Christbaum, keinen gedeckten Tisch, kein Glas zum Einschneiden, ich kann euch nur eines bitten: Glaubt an dieses Österreich!« Vergeblich fahndete man danach. Da hatte Ernst Wolfram Marboe eine Idee: Figl sollte die berühmten Worte nochmals aufs Tonband sprechen. Figl, bereits vom Tode gezeichnet, tat das natürlich. Mit seiner heiseren, kehligen, eindringlichen Stimme. Erst viele Jahre später erfuhr das Publikum von dieser »Doublette«. Oft haben Redakteure, die ihre Gedenkartikel mit diesen berühmten Figl-Worten in die Setzerei schickten, über Änderungen der Korrektoren geklagt: Aus dem »Glas zum E i n s c h n e i d e n« – (einzuarbeiten in Türen und Fenster) wurde auf »Glas zum E i n s c h e n k e n« korrigiert. Das lag bei Figl wohl näher. Und: Wer redet heute noch vom »Glas einschneiden«?

◇

Leopold Figls bester Freund, Julius Raab, der ihn als Bundeskanzler ablöste, war kein ausgesprochener Freund der Medien. Einmal fertigte er ungeduldige Journalisten, die ihn um Auskünfte über eine Unterredung mit einem ausländischen Staatsmann bedrängten, mit den Worten ab: »Das werden Sie in der Zeitung lesen!« Dieses Bonmot wird nur noch durch den deutschen Bundeskanzler Adenauer übertroffen, der offenbar genau wusste, wie man Meldungen in einer Zeitung lanciert: »Ich gehe durch meinen Garten in Rhöndorf und denke über ein schwieriges Problem nach. Wat soll ich Ihnen sagen, am nächsten Tag steht das alles in der Zeitung.«

◇

Raabs treuer Pressebetreuer hieß Fritz Meznik. Und er war – wie es sich damals gehörte – Sektionschef. Unzählige Kanzlerreden hat der Mann geschrieben, wobei Raab meist nur grob umriss, was er zu sagen beabsichtigte. Heikle Fragen musste Meznik mit dem SPÖ-Koalitionspartner abstimmen, weshalb die Journalisten spotteten: »Vom Raab sind die Ideen, vom Meznik die Formulierungen und vom Schärf die Änderungen.«

◇

Eine berühmte »Ironimus«-Karikatur zum Jahresbeginn 1955: »Wovon kann Raab schon träumen ...?«

Das »Kleine Volksblatt« der ÖVP und die »Neue Wiener Tageszeitung« des Wirtschaftsbundes wurden bei »Herold« in der Strozzigasse gedruckt. Gerne hätten die Parteileute eine eigene Druckerei gekauft, aber Raab lehnte kategorisch ab: »Wann i an Liter Milch brauch, kauf i mir no lang ka Kuah.«

◇

1954 fuhr Raab auf Staatsbesuch nach London. Zuvor empfing er in Wien den Chefredakteur der »Picture Post« zu einem Exklusivinterview. Nach der Begrüßung saßen die beiden Männer einander schweigend gegenüber. Der Engländer rauchte Pfeife, der Kanzler seine Virginia. Schließlich fragte der Journalist: »Waren Sie schon einmal in England?« Darauf Raab:

»Nein.« Längere Pause, dann die Frage: »Was werden Sie in London besichtigen?« Raab: »London.« Abermals längeres Schweigen, bis Raab ein gepresstes Edelweiß unter der Glasplatte des Besprechungstisches hervorholte und seinem Gast überreichte: »Souvenir.« Darauf der Engländer, sich erhebend: »Thank you, Sir.« Damit war das Interview, das einschließlich der Pausen eine Viertelstunde gedauert hatte, beendet. Nachher sagte der Chefredakteur über den Kanzler: »Raab ist einer der bemerkenswertesten Staatsmänner, die ich kennen gelernt habe.« Und Raab meinte seinerseits: »A sehr sympathischer Mensch.«

◇

Fürs Kabarett war Raabs Schlichtheit naturgemäß ein gefundenes Fressen. Helmut Qualtinger gab den Regierungschef im »Simpl«, leicht erkennbar an seiner Virginia, der geliebten dünnen Zigarre. Ein Reporter nähert sich schüchtern: »Und welcher, Herr Bundeskanzler, ist Ihr Lieblingsmaler?« Worauf sich Raab/Qualtinger an den hinter ihm stehenden Sekretär wendet und flüstert: »Sag'n S' ihm halt irgend an.«

◇

Österreich wurde nach 1945 von den Hochkommissaren beherrscht, die sich im Turnus zwischen USA, England, Frankreich und den Sowjets ablösten. Die Regierung musste alles vom Hochkommissariat absegnen lassen. Eines Tages, der sowjetische Generaloberst Scheltow führte den Vorsitz, wurde die Spitze der ÖVP vorgeladen. Die Volkspartei hatte ein riesiges Plakat angeschlagen, das auf einer primitiven Karte Europas im Osten einen riesigen Polypen zeigte, der seine roten Fangarme um die Länder Westeuropas schlang. Der Sowjetgeneral beschuldigte die ÖVP-Granden der Beleidigung der Sowjetunion. »Aber das ist doch nicht die Sowjetunion«, konterte ein ÖVP-Funktionär. – »Warum sitzt der Polyp aber ausgerechnet in Moskau?«, fragte Scheltow streng. Die ÖVP-Crew war sehr verlegen und druckste herum, bis einem von ihnen herausrutschte. »Dort war halt gerade Platz dafür.« Daraufhin brachen alle in befreiendes Lachen aus und Scheltow begnügte sich mit dem Versprechen, dass die ÖVP dieses Plakat entfernen würde.

Gerd Bacher hat diese Generation von Nachkriegspolitikern später so charakterisiert: »Sie lasen keine Bücher, sie aßen Würstl, tranken billigen Wein. Aber sie haben die Republik gerettet.«

*

Die Übergriffe und Plünderungen durch sowjetische Soldaten hielten nach 1945 noch jahrelang an. Bei der damals herrschenden Zensur war es schwierig und gefährlich, die Dinge beim Namen zu nennen. So entwickelte sich ein raffinierter Zeitungsstil mit stehenden Wendungen wie dieser: »Die Täter waren ›unbekannte Männer mit uniformähnlicher Kleidung, die eine slawisch klingende Sprache benützten‹.« Zeitungsgeschichte machte die »Arbeiter-Zeitung« mit der unglaublich mutigen Schlagzeile: »Heute und täglich: ›Die Räuber‹.«

◇

Das war die große Zeit des »Arbeiter-Zeitung«-Chefredakteurs Oscar Pollak. Aus dem Londoner Exil zurückgekehrt, hatte er oft Mühe, die ideologische Ausrichtung seiner Zeitung mit den Erfordernissen der kapitalistischen Marktwirtschaft in Einklang zu bringen. Berühmt wurde seine Aufforderung an die Leser der »Arbeiter-Zeitung«, die Alkoholreklame im Anzeigenteil derselben Ausgabe nicht zu beachten.

◇

Pollak war ein Meister der Sprache und ein fanatischer Arbeiter. Redakteur Richard West erinnerte sich an jene gefürchteten Momente, wenn Pollak zu dem Körbchen mit den druckfertigen Manuskripten schritt, vor den Augen seiner Redakteure ein Blatt mit spitzen Fingern hochhob – und mit dramatischer Geste in den Papierkorb flattern ließ. »Meine Herren«, sagte er einmal, »von heute an schreiben wir wieder alles um und übersetzen es dabei, ohne den Stil erkennbar zu ändern, in die deutsche Sprache …«

*

Die folgende Anekdote verdanken wir Georg Markus, der als Lokalist beim »Kurier« begonnen hat, später dann zur »Krone« wechselte und heute als Bestsellerautor wieder dorthin zurückgekehrt ist, wo seine Wurzeln sind. In seiner Anekdotensammlung findet sich die folgende: »Einmal, das war Mitte der Sechzigerjahre – musste die gesamte erste Ausgabe des ›Kurier‹ eingestampft werden. Und das kam so: Bundespräsident Jonas schritt in Klagenfurt eine Ehrenkompanie ab, es gesellte sich ein betrunkener, aber harmloser Zaungast hinzu, der ständig salutierte. Der ›Kurier‹-Fotograf rief in der Redaktion an, schilderte die Situation und teilte mit, er schicke demnächst die skurrile Szene per Funk nach Wien. Chefredakteur Hugo Portisch machte Platz auf der Seite 1 für das g'spaßige Bild, das aber noch keiner gesehen hatte. Inzwischen fertigte schon ein Redakteur den Bildtext an, jetzt musste nur noch das Funkbild platziert werden. Das wurde inzwischen im Fotolabor der Zeitung bearbeitet. Der nichtsahnende Laborant hatte darauf zwar den Bundespräsidenten erblickt, daneben aber einen Unbekannten, der keinen Menschen interessierte. Also schnitt er den weg und schickte das Bild weiter in die Chemigrafie. Und so erschien die Zeitung mit Franz Jonas auf Seite 1 und dem Bildtext: ›Ein Irrer schreitet die Parade ab.‹«

◇

Am 21. Juli 1991 schrieb der Linzer Möbelhändler Helmut Flatzelsteiner Geschichte. In einer Nacht-und-Nebel-Aktion öffnete er mit zwei Helfern das Grab von Mary Vetsera, der 1899 in

Mayerling ums Leben gekommenen Geliebten des Kronprinzen Rudolf. Flatzelsteiner wollte Klarheit über Marys Tod schaffen. Er raubte den Sarg, transportierte ihn in seinem Wagen nach Linz und brachte ihn durch ein Kellerfenster in sein Haus. Ein Gerichtsmediziner stellte im Schädel eindeutig eine Schussverletzung fest.

Mit dieser tollen Story vertraute sich Flatzelsteiner dem auf Habsburg spezialisierten Journalisten und Buchautor Georg Markus an. Der sah sich gezwungen, bei der Polizei Anzeige wegen Störung der Totenruhe zu machen. Im Wiener Sicherheitsbüro traute man der Sache nicht so recht. Zu abenteuerlich klang die Story. Ein junger Kriminalbeamter zog eine Fahndungsliste zu Rat und meinte mit strengem Blick: »Das ist alles schön und gut, was Sie uns da erzählen. Aber eine Person namens Mary Vetsera ist bei uns nicht als abgängig gemeldet.«

Marys traurige Überreste wurden übrigens 1993 wieder beigesetzt, Flatzelsteiner entging einer gerichtlichen Verurteilung wegen Grabschändung. Er hatte Markus zu einer super Geschichte verholfen.

*

Bei der »Arbeiter-Zeitung« war der spätere Schriftsteller Hellmut Andics Gerichtssaalreporter. Über den Staatsanwalt in einem Sensationsprozess »urteilte« der Journalist zu scharf: Jeder tüchtige Verteidiger könne dieses Plädoyer derart durchlöchern, »dass nur ein Netzleiberl übrig bleibt«. Wegen Verspottung, Ehrenbeleidigung und Verächtlichmachung musste der renommierte Journalist hinter Gitter. Ein Himmelsgeschenk für einen guten Journalisten: Wann hat man schon Gelegenheit, eine ganze Artikelserie über den Gefängnisalltag zu schreiben? »Ich sah, was man bei den periodischen Presseführungen nicht zu sehen bekam«, schrieb Andics nach Verbüßung seiner Haft. Und die Fortsetzungsstory wurde zu einem wahren »Knüller«.

Ein Narrenkastl namens ORF

oder: Wie die »Zeit im Bild« entstand

Mit einer Fehleinschätzung der Sonderklasse begann in Österreich das Fernsehzeitalter – und zwar am 1. August 1955. Staatsvertragskanzler Julius Raab unterschätzte den Siegeszug des »Baberlzeugs« total. Er überließ der SPÖ das neumodische »Spielzeug«, weil: »Ob zweitausend Leut' in das Narrenkastl schauen, kann uns wurscht sein. Wer wird schon das briefmarkengroße Bild anschauen?« Um wenigstens die verschwindend kleine Zahl der Besitzer von TV-Geräten vor die Flimmerkiste zu bringen, stellte man eine Runde prominenter Zeitungsjournalisten für diesen lauen Sommerabend zusammen, um die Frage zu diskutieren: »Hat das Fernsehen Zukunft?« Übrigens – das einhellige Urteil lautete damals: Nein!

◇

1955 trat als Rundfunkreporter der freie Mitarbeiter Thaddäus Podgorski ein. Der ehemalige Schauspieler und spätere Fernsehdirektor Gerhard Freund von der SPÖ setzte ihn für die neue TV-Nachrichtensendung ein, für die noch ein Titel gesucht wurde. »Es ist zwar net besonders g'scheit«, schlug Podgorski vor, »aber wie wär's mit ›Zeit im Bild?‹« Dafür, dass es »net besonders g'scheit« war, hält sich der Titel schon recht lang.

◇

Es waren Kultur- und Lokaljournalisten, die die »ZiB« gestalteten, um die Politik machten sie vorsichtshalber einen großen Bogen, wie sich Podgorski erinnert: »Wenn ein Politiker reden wollte, dann hat sein Pressesekretär angerufen. Wenn es ein Minister war, meistens der Sektionschef Meznik. Dann ist ein Redakteur dorthin gefahren und hat dort seinen Text bekommen, was er zu fragen hat, und auch die Antworten des Ministers waren schon gedruckt. Das ist dann abgelesen worden.«

◇

Wenn schon von den Anfängen des Fernsehens die Rede ist, dann ist der Name Gerd Bacher nicht fern. Man glaubt es kaum: Es gab schon vor diesem »sendungsbewussten« Medienmanager einen österreichischen Rundfunk: Dass der Rundfunkdirektor just Übelhör hieß, mein Gott – dafür konnte der gute Mann ja nichts. Und dass der erste Fernsehverantwortliche just in der Blindengasse wohnte – auch dies ein blöder Zufall. Vor allem mit dem Radio punktete die alte Garde – und wie! »Mit Musik auf Reisen« war der Arbeitstitel für eine Autofahrersendung, die von 1957 bis April 1999 15153-mal ausgestrahlt wurde, meistens »live« vor Publikum. Und ähnlich wie Heinz Conrads wurden die 14 Sprecher zu guten Bekannten, zu Familienangehörigen. Louise Martini und Emil Kollpacher machten den Anfang, Walter Niesner und Rosemarie Isopp – wer könnte je ihre Namen vergessen! Brigitte Xander, der Wirbelwind, Günther Frank, der perfekte Peter-Alexander-Verschnitt, Günther Bahr – sie haben sich als »Autofahrer unterwegs« ihr Plätzchen am Radiohimmel gesichert.

*

Großkoalitionäre haben wenig Humor, vor allem dann nicht, wenn es auf ihre Kosten geht. Und so hatte der »Watschenmann«, die sonntägliche Radio-Kabarettsendung einen erheblich schwereren Stand. Im Oktober 1954 ging der »Watschenmann« erstmals auf Sendung, das Team nahm sich kein Blatt vor den Mund: Walter Davy, Peter Weiser und Jörg Mauthe konnten die Unsäglichkeiten der Koalitionsregierung ungeniert auf die

Schaufel nehmen, weil Österreich noch unter Aufsicht der vier alliierten Siegermächte des Zweiten Weltkriegs stand. »Servas, Teuferl, gibt's was Neix«, wurde ebenso zum geflügelten Wort wie der treffende Seufzer des japanischen Onkels Fujijama über die Zuständ' in Österreich: »Es ist ein Fujijammer ...«

◇

Doch kaum war Österreich 1955 frei, wurde der »Watschenmann« geknebelt. Der neue Programmdirektor Rudolf Henz, ein alter Herr, der schon im Ständestaat katholischer Schriftsteller war, gab dem Druck von Schwarz und Rot bald nach. Ende 1955 hielt er zur Einstellung der pfiffigen Sendung einen eher peinlichen »Nachruf«. Der »Kurier«, der den Kabarettisten dann als Kolumnisten einen Platz in der Zeitung einräumte, ließ sich diese Zensur nicht gefallen. 130 000 Unterschriften sammelte die Redaktion gegen den Tod des »Watschenmann«. Aber so weit war die Meinungsfreiheit noch nicht in Österreich.

◇

Im Gegenteil: Der Proporz feierte fröhliche Urständ'. Jeden zweiten Samstag hatte zur Mittagsstunde die »Sendung des Bundeskanzlers« ihren fixen Platz – und dazwischen jeweils die »Sendung des Vizekanzlers.« Im Jahr 1963 erreichte die Selbstbedienung durch die beiden Großparteien ihren absoluten Höhepunkt. Weil man ja miteinander regieren musste, räumte man sich gegenseitig ein Vetorecht bei unliebsamen Sendungen ein. Das entsprach durchaus dem Gusto der Parteisekretäre. Und so verankerte man im Koalitionsabkommen fünf »Proporzkommissare«, also parteimäßig punzierte Spitzenkräfte, die die »Ausgewogenheit« jeder Sendung zu überwachen hatten. Widrigenfalls hatte die zu kurz gekommene Partei Anspruch auf eine »Ausgleichssendung« innerhalb von drei Wochen.

Die Grinzinger Heurigen-Clique

oder: mühsamer Start der Rundfunk-Ära Bacher

Mit dem neuen Rundfunkgesetz von 1967 sollte alles ganz anders werden. Und damit sind wir automatisch bei Gerd Bacher angelangt. Der hatte im Sommer 1945 nach der Matura seine journalistische Laufbahn bei der deutschnationalen »Salzburger Volkszeitung« gestartet. Er hätte lieber bei den etwas auflagestärkeren »Salzburger Nachrichten« gearbeitet, wurde aber bei einer Vorsprache von Redakteur Viktor Reimann hinausgeworfen: »Wir brauchen niemanden, um die Nervosität in dieser Redaktion zu erhöhen!«

◇

Der spätere Wiener Bürgermeister Helmut Zilk hingegen kam eher durch einen Zufall zum Journalismus. Der Mittelschulprofessor brauchte als junger Mann auf Freiersfüßen mehr Geld als den kargen ärarischen Sold. Eine der vielen Nebenbeschäftigungen waren Kurse an den Volkshochschulen. 1955 traf er in der Urania den kommenden Mann des neuen Fernsehens, Gerhard Freund. Der Schulfunk sei ganz mies, stellte der Jüngling keck fest. »Reden S' net g'scheit herum, machen S' was Besseres«, erwiderte Freund beleidigt. Gesagt, getan. Am nächsten Tag trat Zilk beim Rundfunk an. Er produzierte völlig neue Lehrfilme. Und bald darauf – in einem leeren Schulgebäude in der Singrienerstraße – produzierte er schon fürs Schwarz-Weiß-Fernsehen.

◇

Damals gab es echte »Straßenfeger«. Die Fernsehfamilie Leitner (ab 1958) zum Beispiel erlangte Kultstatus. Alfred Böhm galt den Zuschauern bald als eigenes Familienmitglied. Wenn der übergewichtige Schauspieler irgendwo im Wirtshaus essen wollte, scherzten die Leute hinter seinem Rücken: »Der hat's notwendig, der Blade …« Senta Wengraf verkörperte die extravagante Schwiegertochter Ilse, und ihr Vater wurde nicht nur einmal auf der Straße angesprochen, er möge besser auf die Tochter aufpassen, sie sei im Fernsehen so blass. Als »Ilse« dann auch noch laut Drehbuch schwanger werden musste, war die Nation äußerst besorgt um die Schauspielerin Wengraf. Dass sie im Privatleben eine Affäre mit dem Außenminister und späteren Bundeskanzler Kreisky hatte – das hingegen ahnte keiner.

*

Am 9. März 1967 wählte der neue ORF-Aufsichtsrat den 41-jährigen Salzburger Journalisten, früheren »Express«-Chefredakteur und damaligen Geschäftsführer des Wiener Molden-Verlags, Gerd Bacher, zum Generalintendanten des Rundfunks. Im Vorfeld gab es heftige Vorbehalte, nicht nur von den Sozialisten. Ernst Wolfram Marboe rannte mit Heinrich Neisser und Hans Magenschab zum VP-Bundeskanzler Klaus: »Seid's ihr wahnsinnig, dieser Grinzinger Heurigenclique wollt ihr den Rundfunk übergeben?« Klaus ließ sich davon nicht beeindrucken, denn Bacher war der Liebling der parteiunabhängigen Zeitungen.

◇

Aber wie war man ausgerechnet auf Bacher gekommen? Helmut Zilk behauptete, der Journalist Kurt Tozzer und er hätten ihren Freund und Kollegen zur Kandidatur überredet. In altösterreichischer Manier im Kaffeehaus. Oder war's das Balkan-Restaurant »Dubrovnik« am Heumarkt hinter dem Stadtpark? Bacher kann sich daran nicht erinnern, sagt er. Zilk: »Da hat es Namen sonder Zahl gegeben, im Rundfunkhaus in der Argentinierstraße schwirrte es von Gerüchten.« Edi Finger Senior sah sich schon am Chimborasso seiner Wünsche, denn er war bekannt, er war populär. Bruno Flajnik, der legendäre Chefredakteur der »Wochenpresse« hatte sich den Spaß gemacht, ihn als Kandidaten zu nennen. Doch der Edi nahm das sehr ernst. Auch die ÖVP. Edi Finger wurde ins Büro des mächtigen Generalsekretärs Hermann Withalm gebeten, um seine Vorstellungen vorzutragen. »Nix mit moderrner Litteratur«, rief der Sportkommentator in seiner gewohnten Lautstärke: »Götte, Schiller – dōs is Kultur!«

1967 war also Amtsantritt des neuen Führungsteams für den ORF mit Gerd Bacher als Leitfigur. Sein Freund Gustav Peichl (»Ironimus«) hatte ihm den Spitznamen »Der Tiger« verpasst. Und zwar mit einer legendären Karikatur in der »Presse«: »Tu den Tiger in den Kasten«. In den ersten Wochen hatte es keiner

»Tu den Tiger in den Kasten«: Gustav Peichl verpasste seinem Freund Bacher den legendären Spitznamen.

wirklich leicht: nicht die Führungspersonen, nicht die Untergebenen, die ja nun plötzlich alle Mitarbeiter sein sollten. Da war zum Beispiel die Unpünktlichkeit. Bacher und Zilk machte das rasend. Es gab Zeiten, da begann die »ZiB 1« um eine ganze Minute zu spät – und in das Wutgebrüll Bachers hinein erklärten die Mitarbeiter ständig nur lapidar, was diesmal wieder der Fehler gewesen war.

◇

Erst langsam setzte sich durch, dass der Termin 19.30 Uhr für die wichtigste Nachrichtensendung des Tages heilig war. Bis heute ist das so geblieben. Aber auch beim morgendlichen Arbeitsbeginn herrschte ein unglaublicher Schlendrian. Um neun Uhr wollte der Fernsehdirektor seine Leute um sich sehen. Um zehn nach neun ließ er die Eingangstüren sperren und die Schlüssel einsammeln, dass keiner mehr ungesehen hineinkam. So hat man sich halt langsam aneinander gewöhnt.

◇

Die Damen im Publikumsdienst wurden mit ordentlichen Schuhen ausgestattet, damit die Augen der Besucher nicht länger durch den Anblick von Saunaschlapfen beleidigt würden. Vor allem Gerd Bacher hatte was übrig für adrettes Aussehen der Mitarbeiter. Am liebsten hätte er allen Herren das Outfit verpasst, das die ORF-Führungsspitze bald – einer Uniform gleich – kennzeichnete: graue Flanellhose, dunkelblauer Blazer, eleganter Binder, blauweiß dezent gestreiftes Hemd. Über den »Krawattenerlass« spottete man zwar, aber man hielt sich dran.

◇

Bachers Vorliebe für korrekte Kleidung färbte leider nicht direkt auf seine engste Umgebung ab. Gerhard Weis etwa, sein späterer Amtsnachfolger, trug meist die Anzüge um eine Nummer zu klein, so dass die Hauptlast der Fasson auf dem mittleren Sakkoknopf lag. Als wieder einmal die Bacher-Buben (so der Spottruf der »Gegner«) mit dem Chef zusammensaßen, drohte der Zwirnfaden der Spannung nicht länger standzuhalten. Gerhard Vogl, damals Bürochef des GI, starrte unablässig auf die Gefahrenstelle. Gerd Bacher, der dies bemerkte, nahm ihn nachher zur Seite und wies schmunzelnd auf Weis: »Unser Dressman aus Kiew!«

◇

Kiew scheint bei Gerd Bacher das Synonym für mangelndes Stilgefühl zu sein, wie der folgende Text einer seiner gefürchteten »IM«, einer »Internen Mitteilung« an den damaligen Hörfunkintendanten Ernst Grissemann, zeigt. Auslöser dafür war das Erscheinungsbild der neuen ORF-Sinfonietta bei ihrem ersten Auftreten. Schon Tags darauf landete folgender geharnischter Ukas auf dem Schreibtisch des verdatterten Hörfunkintendanten. Wir bringen jedoch nur Auszüge dieser versteckten Aufforderung, gefälligst abzuspecken: »Das war nicht die Premiere eines neuen ORF-Ensembles, sondern der Betriebsausflug von Radio Kiew. Was hier als leger missverstanden wurde, war in Wirklichkeit kleinbürgerlich, peinlich unelegant. Das beginnt damit, dass der Dirigent in einer Hose mit Gürtelschlaufen aber ohne Gürtel am Pult steht, und dass sich die Orchestermusiker in unbeschreiblichen Textilien produzieren. Nur sehr schlanke, sehr schöne Männer können sich Jerseyhemden, Rollkragenpullover und ähnliches leisten. Ich bitte daher dafür zu sorgen, dass es ein weiteres Auftreten der ORF-Sinfonietta erst gibt, wenn die »Kostümfrage« gelöst ist. PS: Sollte jemand annehmen, dass diese Zeilen nur ein Ausdruck meines bekannt übertriebenen Ordnungssinnes sind, so erlaube ich mir mitzuteilen, dass ich wegen des befremdlichen Aussehens unseres Ensembles an diesem Abend mehrfach angesprochen wurde.«

◇

Bacher besitzt keinen akademischen Titel. Also sollte es im ganzen ORF keine Titel mehr geben. Er wolle als »Herr Bacher« angesprochen werden, teilte er mit. Und der Programmdirektor Professor Doktor Zilk sollte »Herr Zilk« heißen. Zilks Chauffeur beantwortete die Weisung seines Chefs, ihn nicht mehr mit Herr Doktor anzureden, prompt: »Jawohl, Herr Direktor!«

◇

Auch an anderen Kleinigkeiten scheiterte der allmächtige Bacher. Es gab unzählige Stenotypistinnen, die hübsch waren, aber keine Ahnung von Stenographie hatten. Bacher setzte eine Prüfung an und am Schluss blieben zweihundert Ungeeignete übrig, die er fristlos entlassen wollte: »Das sind alles nur Protektionskinder von irgendwelchen Parteisekretariaten.« Und er fügte Schimpfworte hinzu, die publik wurden und für empörtes Rauschen im Blätterwald sorgten. »Trutschen« oder »Pritschen« wollten die Zuträger gehört haben.

Die Frage war nur: Wird die Gewerkschaft einer solchen Massenentlassung tatenlos zuschauen? »Mach's zizerlweise«, riet Zilk seinem Chef, unterstützt vom Generalsekretär Heribert Steinbauer. Auch Alfons Dalma riet zum taktischen Vorgehen. Die Gewerkschafter drohten mit Streik. Bacher blieb stur. Er hielt sich für schlauer: Sollte das Landesstudio Wien streiken, würde er sich das Funk-Signal über das Studio Innsbruck hereinholen. Leider hatte er übersehen, dass da die Post mit ihren Leitungen mitspielen musste. Also musste ein »Gipfelgespräch« her.

Bacher, Zilk, Steinbauer wurden in die Hohenstaufengasse zum ÖGB-Präsidenten vorgeladen. Benya interessierte sich, wohin der Herr Bacher auf Urlaub zu fahren gedenke, der Herr Generalintendant bekundete sein Interesse an den Urlaubsgewohnheiten des Herrn Präsidenten. Was besonders unoriginell war, weil jeder wusste, dass Benya seit Jahr und Tag nach Bad Kleinkirchheim in seine Ferienwohnung fuhr. Alles also sehr angenehm. Bacher zwinkerte seinen Begleitern siegesgewiss zu. Da näherte sich – nach zwei Stunden ermüdendem Smalltalk – Benyas Sekretär und flüsterte seinem Herrn was ins Ohr. Futsch war die gute Stimmung. Benya tat so, als erinnere er sich erst jetzt an das Wichtigste: »Ah ja, Herr Bacher, was mach' ma denn mit die Stenotypistinnen? – »Schon erledigt, Herr Präsident, die sind gekündigt.« – »Herr Bacher, Herr Bacher, das werden Sie doch net ernstlich meinen, dass die Gewerkschaft da zuschauen kann.« – »Na, sollen s' halt streiken in Wien!« – »Herr Bacher, gerade hat mich mei' Sekretär gefragt, ob die Postler jetzt in Streik treten sollen oder net. Die wollen den Leuten zeigen, dass Sie Leut' rausschmeißen unter Missachtung ihrer Rechte.« – Bacher stand eher kleinlaut auf: »Gut! Wenn Sie mich so erpressen, dann gehen wir halt!« Auf der Straße tobte Bacher dann zwar, aber dem alten schlauen Fuchs Benya konnte man nicht mit einer solchen Feldwebelmethode kommen. Nach und nach baute man später die Protektionskinder ab.

◇

Kurt Zeilinger, heute ein sehr alter Herr in Hietzing, erinnert sich noch, mit Bacher in der Salzburger »Kiesel«-Druckerei die erste Nummer der freiheitlichen Wochenzeitung »Neue Front« produziert zu haben. Bacher half bereitwillig, weil die »Blauen« kaum qualifiziertes Personal hatten. Später, in Wien, kokettierte Bacher gern mit der Selbstbeschreibung als »heimatloser Konservativer«. Thaddäus Podgorski beschreibt die Mitarbeiter-Rekrutierung nach Bachers Amtsantritt so: »Es kam die Zeit der Sitzungen, Versammlungen und Appelle. Die Ansprache hielt immer Gerd Bacher. Ich bewunderte seine Formulierungskunst. Er auch.«

◇

Immer mehr »Unabhängige« habe Bacher in die Führungsetagen des ORF geholt, plaudert Podgorski: »Meistens kamen sie von der ÖVP oder vom CV. Wahrscheinlich gab es damals bei der

SPÖ keine fähigen Unabhängigen. Bacher hatte etwas von Johannes dem Täufer: Wer von ihm gesalbt wurde, der wurde unabhängig. Selbst VP-Parteibonzen.«

◇

Noch ein Beispiel für die gefürchteten »Internen Mitteilungen« des GI: »Aus gegebenem Anlass wird ersucht, schadhaft gewordene Arbeitsmäntel nicht mit Heftklammern zu reparieren, da diese in der Wäscherei Rostflecken verursachen und so auch neue Wäsche in Mitleidenschaft ziehen.« Und schließlich: »Weiters wird dringendst ersucht, die Tauben weder an den Fenstern noch in den Höfen des Funkhauses zu füttern, um die durch sie verursachte Beschmutzung des Hauses und der Terrasse nicht noch zu fördern.«

◇

Gerd Bacher war kein Asket, er rauchte am Beginn seiner ORF-Laufbahn ordentlich, auch einem guten Glas Wein, oder auch mehreren, sprach er gerne zu; allerdings nicht im Dienst.

Im Funkhaus in der Argentinierstraße stieg ein Fest – der Anlass ist in Vergessenheit geraten, nicht aber die langfristigen Auswirkungen. Es floss Alkohol offenbar in so rauen Mengen, dass sich einige Zecher übergeben mussten. Den Putzfrauen – offenbar war dies nicht das erste Mal – wurde es zu bunt. Sie wandten sich direkt an den Boss. Und der sprach ein Machtwort. Nein, Gerd Bacher, ein Mann der Schrift, verfasste wieder eine »IM«. Zuerst wurde der Alkoholmissbrauch gegeißelt, dann Alkohol im Dienst auf die Verbotsliste gesetzt. Zu weit wollte der GI aber doch nicht gehen: »Bestehende Vorräte dürfen aufgebraucht werden.«

◇

Das Verbot des Chefs traf einen besonders, Alfons Dalma, oberster aller ORF-Chefredakteure, ein mediterraner Mensch, der gerne zum Mittagessen ein Glas Wein trank, oder auch zwei. Als er die Epistel las, rief er nach seinem Chauffeur: »Herr Vana, fahren S' schnell in die Stadt und kaufen Sie 16 Kisten Rosatello!« So konnte Dalma gut ein Jahr, ohne ein schlechtes Gewissen zu bekommen, gedeckt durch die Bacher-IM, seinen Lieblingswein konsumieren.

*

Einer der prominentesten TV-Interviewer der Ära »Bacher I« war Alexander Vodopivec. 1924 in Triest geboren, repräsentierte er für die jungen Fernsehredakteure »so etwas wie eine verspätete Leihgabe der untergegangenen Monarchie« (Gerhard Vogl). »Vodo« hatte zwei große Leidenschaften neben der Innenpolitik: das Pfeifenrauchen und harte Drinks – obwohl »Vodopivec« zu Deutsch »Wassertrinker« heißt. Er porträtierte als Erster im Fernsehen die heimische Politprominenz. Einmal war der Tiroler Landeshauptmann Eduard Wallnöfer an der Reihe. Stilgerecht wählte »Vodo« als Drehort das Geburtshaus »Wallis« im Südtiroler Schluderns. Wie nicht anders zu erwarten, köpften die beiden während der Filmaufnahmen mehrere Flaschen des vorzüglichen Südtiroler Rotweines, von »Walli« kurz »Retl« genannt. Zwei Wochen nach diesem vergnüglichen Nachmittag lag beim zuständigen Hauptabteilungsleiter ein Antrag auf »Nachdreh«. Befragt, ob etwas technisch mit der Aufnahme nicht in Ordnung sei und man deshalb das Interview wiederholen müsse, schüttelte die verantwortliche Produktionsleiterin zaghaft den Kopf. »No, warum dann?«, fragte der Chef grantig. »Weil …«, kam es zögerlich, »… weil beide Herren die entscheidende Frage verlallt haben.«

*

Malte Olschewski, zunächst Außenpolitiker in der »Presse«, war später Redakteur im Fernsehen – und für alle möglichen Stories einsetzbar. Er war zwar willig, aber manchmal eigenwillig. Zumindest was die Gestaltung von Beiträgen betraf. So schwärmte er von der schönen Südbahnstrecke über den Semmering und war strikt gegen den Basistunnel. Wie zeigt man aber, wie uninteressant eine Bahnstrecke durch den Berg ist? Malte ließ sich etwas einfallen und gab seinen Beitrag über 2:30 Minuten ab. Der Chef vom Dienst, Wolfgang Ritzberger, traute seinen Augen nicht: Da sah man eine schöne Bergstrecke, die möglichen Strecken zum Tunnel – und dann war da mindestens 40 Sekunden lang ein schwarzes Loch. Anschließend gab's wieder schöne Landschaftsbilder vom Semmering. Ritzberger konnte diesen Beitrag so nicht abnehmen, verlangte, die schwarze Lücke zu füllen. Olschewski weigerte sich, auch der Sendungsverantwortliche Elmar Oberhauser konnte ihn nicht umstimmen. Also wurde Chefredakteur Horst Friedrich Mayer damit belästigt. Der war ein gemütlicher Chef, trat in solchen Krisensituationen meist mit einem Apfel in der Hand auf und kaute bedächtig daran. Ohne das Streitthema zu kennen, ließ er sich den Film vorspielen. Nach 2:30 Minuten stand er bedächtig auf und sagte: »Der ist doch eh in Ordnung, ich weiß nicht, warum ihr den nicht spielen wollt. Das schwarze Loch muss der Malte halt noch mit etwas Film zupicken.« Der Beitrag wurde nie gespielt, Malte zog ihn gekränkt zurück.

*

In den Achtzigerjahren wurde es im Radio modern, jeden Beitrag mit Originaltönen zu würzen. Also keine trocken gelesene Geschichte, sondern die Betroffenen mussten auch im »O-Ton« zu Wort kommen. Bei manchen Themen ist dies einfach, bei manchen schwer: Eine Reportage über Bauern? Kein Problem! Man hört im Hintergrund Kühe muhen, Schweine grunzen, Hühner gackern. Aber Hans Adler, legendärer Chef der Radio-Wirtschaftsredaktion, stand einmal vor dem Problem, aus einer Versuchsanstalt zu berichten, die sich mit Holzschäden und den Schädlingen beschäftigte. Knifflige Sache. Natürlich kam der Direktor der Anstalt zu Wort. Adler schilderte auch die Probleme und Lösungen, aber dann »interviewte« er ganz einfach den Holzwurm. Er hielt das Mikrofon ganz nahe an eine geschädigte Fichte – und man hörte wirklich das »Schmatzen« des Holzwurms. Auch im Radio.

*

Ein Wiener Radioreporter sollte eine mondäne Dame der Wiener Gesellschaft zum Interview aufsuchen. Die Lady hatte die Leitung eines gesellschaftlichen Wiener Großereignisses über und sollte live in ihrer Wohnung befragt werden – an einem frühen Sonntagvormittag, der bekanntlich weder für Gesellschaftsgrößen noch für Journalisten erfunden wurde. Schon während der Anfahrt im Übertragungswagen hatte den Reporter ein ungutes Gefühl im Magen-Darm-Bereich beschlichen, das sich zu einem rasanten Ziehen und Drängen verstärkte, als er die vielen Stufen zur Wohnung der Lady emporstieg. Wir ersparen uns hier weitere Details – jedenfalls war dem schweißgebadeten Reporter beim steilen Anstieg allerlei widerfahren, sodass er buchstäblich mit vollen Hosen vor der Tür der Eleganten stand. Was tun? Zum Hosenwechseln war es viel zu spät, der Sendetermin für den Live-Einstieg kam immer näher. Es war eine besch… Situation. Dem Reporter graute, doch er musste hinein! Vielleicht würde sie es gar nicht bemerken? Oder zumindest aus Höflichkeit so tun, als merkte sie es nicht? Aber was, wenn es länger dauerte? Schließlich würde er sich hinsetzen müssen – oh Gott! Endlich fasste er sich ein Herz und läutete. Es tat sich – nichts. Noch einmal – nichts. Nach ein paar Minuten öffnete sich die Türe und vor ihm stand im Morgenmantel völlig verschlafen die Lady. »Was?! Ich hab' geglaubt, sie kommen erst nächste Woche! Entschuldigen Sie vielmals, das ist wirklich ein Fauxpas, dass ich Sie hier im Negligé empfange, Sie müssen sich was Schönes denken, so kommen Sie doch herein …« Und so wurde aus zweimal Minus ein kräftiges Plus – die beiden Etikette-Fehler hatten sich zu einer harmonischen Situation addiert.

Kleiner Mann – ganz gross

Bacher und Zilk setzten Maßstäbe, die noch heute gelten

Bruno Kreisky und Gerd Bacher. »Sie hatten eines gemeinsam«, sagt Hugo Portisch: »Beiden war keine Größe zu groß.« Das Verhältnis dieser beiden Rivalen hatte Höhen und naturgemäß viele Tiefen. Als Bacher noch Chefredakteur des Wiener »Bildtelegraf« war, fuhr er – als einziger Wiener Chefredakteur – zu jeder UN-Tagung nach New York, wenn es um das Schicksal Südtirols ging. Denn Bacher war durch seine Aktivitäten im Widerstandskreis gegen die italienische Unterwanderung höchst interessiert an einer Lösung dieses ernsten Minderheitenkonflikts im Herzen Europas. Kreisky auch. Die Verhandlungen mit Italien gestalteten sich für den Staatssekretär und späteren Außenminister Kreisky schwierig. Nach gewonnener Schlacht sagte Kreisky einmal: »Herr Bacher, das werde ich Ihnen nie vergessen!«

◇

Auf diesem Ausspruch begründete Bacher später sein vermeintlich besonderes Verhältnis zu Bruno Kreisky, der inzwischen Bundeskanzler geworden war. Nun sollte man bei derlei Versprechungen von Politikern immer vorsichtig sein. »Ich will nicht sagen, bei Kreisky besonders«, meinte Zilk im Rückblick. »Politiker vergessen solche Dinge gern. Und Bruno Kreisky besonders. Wie auch immer, Bacher glaubte an seinen speziellen Draht zum Bundeskanzler.« Der ORF-Chef war noch am Wahlabend 1970 in die Löwelstraße gepilgert und hatte dem Überraschungssieger per Handschlag gratuliert – natürlich waren »zufällig« Fotografen dabei.

Stehaufmännchen Bacher: Nach vier Jahren in der »Verbannung« schaffte er die Rückkehr auf den geliebten Küniglberg.

◇

»In den Direktionssitzungen haben wir immer schon am Anfang gewusst, wie gerade das Verhältnis war«, erinnerte sich Helmut Zilk. »In guten Phasen – die konnten Wochen dauern – hat Bacher gesagt: ›Der Herr Bundeskanzler hat mich angerufen‹, ›Ich war gerade beim Herrn Bundeskanzler‹, ›Ich meine, der Herr Bundeskanzler hat recht.‹ Wenn er eine schlechte Phase gehabt hat, hat's geheißen: ›Der Sonnenmoritz will scho' wieder was!‹ Das hat natürlich wieder der Kreisky erfahren, und so ist halt das Verhältnis immer schlechter geworden.«

◇

So kam es zunächst zum Hinauswurf des Duos Bacher/Zilk, und ein Sektionschef des Justizministers Broda führte das Unternehmen. Doch nach vier Jahren schaffte das Stehaufmännchen

Bacher die Rückkehr in seinen heißgeliebten ORF durch die Hintertür. Das war 1978 und spielte sich folgendermaßen ab: Es sollte wieder ein Medienfachmann an die Spitze des ORF kommen. Also nominierten einige SPÖ-Kuratoren Zilk. Die fundamentalistischen SP-Gewerkschafter hatten damit keine Freude, Kreisky war hin- und hergerissen: Sollte die SPÖ doch wieder den schwächlichen Sektionschef stützen, oder Zilk gegen internen Widerstand durchboxen? Noch vor der entscheidenden Abstimmung ehelichte Zilk die Operettenkönigin Dagmar Koller, mit der er schon seit acht Jahren liiert war. Als Bruno Kreisky zur Hochzeitsfeier kam, war für die ORF-Watcher alles klar: Zilk wird es. Doch da war noch ein dritter Kandidat – freilich völlig »außer Bewerb«: Gerd Bacher. Er hatte sich lediglich beworben, um seine Pensionsansprüche zu wahren. Bacher verfügt über die Gnade des frühen Anfangsbuchstabens im Alphabet. Das Kuratorium stimmte also zunächst über den Erstgereihten ab. Der bekam völlig überraschend eine Mehrheit, sodass über die Bewerber Oberhammer und Zilk gar nicht mehr abgestimmt wurde. »Letztlich war's ein Glück, dass ich es nicht geschafft habe«, meinte Zilk kurz vor seinem Tod. »Für mich, für Bacher, für den ORF.«

◇

Die völlig überrumpelte »Kärntner Tageszeitung« der SPÖ goss die Sensation in die unsterblich gewordene Schlagzeile: »Kreisky in Paris, Benya in Sofia, Bacher im ORF.«

◇

Ein paar Tage später, erzählt Kreiskys damaliger Pressesekretär Johannes Kunz, läutete beim neuen alten ORF-Chef spätabends das Telefon: »Ich hab' Ihre Wahl eh erwartet«, brummelte Kreisky. »Is eh net so schlecht. Ham S' an Hunger? Wenn ja, kommen S' zu mir in die Armbrustergassen auf a Eierspeis.«

Karl Blechas Niederlage bei der GI-Wahl im ORF: Dagegen war Waterloo ein Lercherl. Heribert Steinbauer hatte leicht lachen.

*

SPÖ-Volksanwältin Franziska Fast war absolut nicht telegen, aber mit goldenem Humor ausgestattet. Als sie das erste Mal zu ihrer ORF-Sendung auf den Küniglberg kam, begrüßte sie die wartenden Redakteure mit folgenden Worten: »Ja, heut kommt jemand, der no klaner und schiacher is' als der Bacher.«

*

Kleine Männer mögen kleine Fehler machen. Aber kleine große Männer – die machen oft die größten Fehler. Wenn der große Gerd Bacher einen tat, dann musste der schon gewaltige Ausmaße haben. So jener vom 9. November 1989. Bacher, Herausgeber der »Presse«, hatte für diesen Abend das Feinschmeckerlokal »Himmelsstuben« am Parkring reservieren lassen. Eine der gefürchteten Redaktionssitzungen. Geladen waren sämtliche Führungskräfte der Redaktion. Praktisch, weil sich die himmlischen Stuben gleich vis-à-vis der Redaktion befanden. Leider gab's noch keine Mobiltelefone. Um halb acht Uhr abends verlangte der Abendredakteur dringend Chefredakteur Chorherr am Telefon. »t. c.« kehrte konsterniert aus der Telefonzelle zurück: »Du Gerd, ich glaub', die brauchen mich drüben in der Redaktion.« Bacher: »Du bleibst jetzt da sitzen. Es geht um die Zukunft dieser Zeitung.« Chorherr musste gehorchen. Um zehn Uhr verlangte der Abendredakteur – nun schon etwas verzweifelt – nach Chorherr. »t. c.« erfuhr, dass sich in Berlin »irgendwas Seltsames« tat. Was, erfuhren wir nicht. Es gab kein TV-Gerät in solch einem noblen Etablissement. »Und wenn das bis morgen dauert – ihr bleibt's jetzt da sitzen«, donnerte Bacher. Wir blieben also. Der Herausgeber referierte unverdrossen weiter. Die Sitzung wurde kurz nach Mitternacht beendet. Wir eilten hinüber in die Redaktion. Inzwischen hatte sich in Berlin die Mauer aufgetan. Und die ganze Welt hatte es atemlos mitverfolgt. Nur 15 leitende Redakteure der »Presse« haben es nicht mitgekriegt.

*

Von der »Presse« in den ORF: Viele heimische Journalisten haben diesen Weg genommen. Auch Dieter Seefranz, der früh Verstorbene. Ein Sommerthema stand im August 1979 im legendären »Club 2« auf dem Programm: Jugendkultur. Gesagt getan. Seefranz als Moderator, die junge Sängerin Nina Hagen als einer der Gäste. Um Mitternacht kam eine gewisse Schwüle auf. Nina schwang sich auf die legendäre Sitzgruppe. Sie gab vor laufender Kamera in Großaufnahme gegenständliche Gebrauchsanweisungen aus ihrer Sexualität. Skandal! Und wie! Bevor noch hochnotpeinliche Untersuchungen über Ursachen und Wirkungen einsetzen konnten, erklärte der Generalintendant das Band zur Verschlussache. Trotzdem setzte eine wahre Nachfrageflut nach der Hagen-Präsentation ein. Das fragliche »Club 2«-Band zählt wohl bis heute zu den begehrtesten Produktionen des ORF.

◇

Liebling der Medien, bunter Paradiesvogel Zilk: Als Kulturstadtrat stellte er Bürgermeister Gratz in den Schatten.

Als Helmut Zilk im Dezember 1993 schwer verletzt im Wiener AKH lag, arbeiteten damals im ORF-Landesstudio Wien zwei Redakteure mit inkriminierenden Familiennamen: Edi Finger jun. und Brigitte Handlos. Der Chefredakteur gab die Devise aus, diese beiden sollten – soweit möglich – in keinem Fall über den Briefbombenanschlag und die zerstörte Hand des Altbürgermeisters berichten. Doch wie der Teufel es wollte, hatte Brigitte Handlos an einem dieser turbulenten Tage den Alarmpager – und Zilk gab im AKH vormittags eine Pressekonferenz. Handlos musste also mit Schnellreportagewagen Richtung AKH ausrücken. Die Pressekonferenz war bereits im Gange, also Kopfhörer aufgesetzt, O-Töne auf den Bandmaschinen eingelegt, Text nochmals durchgelesen. Es konnte losgehen. Mittagsjournalmoderatorin war Christl Reiss. Ihre Moderation: »Im Wiener AKH ist heute Altbürgermeister Helmut Zilk erstmals nach seiner schweren Verletzung wieder selbst an die Öffentlichkeit getreten. Die Hand des Bürgermeisters ist gerettet. Live aus dem AKH meldet sich nun Brigitte Handlos.« Übrigens: Edi Finger jr. kam niemals zum Einsatz in dieser Causa.

◇

Auch innerhalb der Medien kann es eine sehr diffizile Rang- und Hackordnung geben. Als im ORF der Generalsekretär des geschassten Gerd Bacher, Paul Twaroch, nicht weichen wollte, schuf Nachfolger Oberhammer einfach einen zweiten Generalsekretär. Nachdem der Titel schon vergeben war, nämlich Generalsekretär des ORF, nannte man den zweiten (den SPÖ-Mann Heinrich Keller): Generalsekretär im ORF. Viele Jahre später entstand im »Kurier« eine ähnliche Situation. Peter Rabl wurde Chefredakteur der Zeitung, wollte aber gleichzeitig den alteingesessenen Hans Rauscher aufwerten, und machte ihn ebenfalls zum Chefredakteur. Einem verwirrten Journalisten erklärte er die neue Ordnung mit einem Vergleich aus der römisch-katholischen Kirche: »Ich bin der Erzbischof, Hans Rauscher ist Titularbischof; er hat aber kein Nachfolgerecht.« Beim fülligen Hans Rauscher bot sich allerdings der pastorale Vergleich an.

*

Die traditionellen »Sommergespräche« des ORF im Jahr 2002 standen unter einem Unstern. Man wollte diesmal mit den Parteichefs »hinausgehen«, und nicht aus einem ORF-Studio senden. Jede Parlamentspartei durfte sich den Ort aussuchen. Die Grünen wählten einen Bauernhof im burgenländischen Wulfau. Das Gespräch mit Alexander van der Bellen war dann allerdings kaum zu verstehen, weil die Holzdielen der Scheune unter der Last der schweren TV-Kameras krachten und knarrten, dass es eine Freude war. Das Publikum beschwerte sich massiv.

◇

Kandidat Nummer zwei hatte ähnliches Pech. Alfred Gusenbauer präsentierte sich auf der Freiluftterrasse eines Gasometers in Simmering. Leider hatte es am Abend 30 Grad Außentemperatur und die rund zwölf 2 KW der Scheinwerfer taten ihr Übriges – ab dem 20. August des Jahres 2002 hatte »Gusi« nicht sein urbanes, sondern sein schwitzendes Image weg.

◇

Bei FPÖ-Chefin Susanne Riess-Passer wollte man es besser machen. Die Vorhut reiste schon zwei Tage vorher nach Innsbruck und inspizierte die Berg-Isel-Schanze – die Kulisse war atemberaubend. Um das nächtliche Innsbruck ins Bild zu rücken, sagten Olympiastadion, Rathaus, Flughafen und Hauptbahnhof zu, während der Übertragung ihr Flutlicht in Betrieb zu nehmen. Wegen einer FPÖ-Krisensitzung musste die »Susi« ihr Sommergespräch aber eineinhalb Stunden früher aufzeichnen lassen. Von der nächtlichen Kulisse war nichts zu sehen. Als das Interview zu Ende war, flammten unten in Innsbruck die Flutlichter auf. Ganz pünktlich.

◇

Bei Wolfgang Schüssel durfte dann aber wirklich nichts mehr schiefgehen. Der Bundeskanzler wählte einen Gasthof im Burgenland – mit viel Grün auf einer überdachten Sonnenterrasse. Über den Sessel wurde 48 Stunden lang diskutiert. Schließlich wünschte sich der Regisseur noch ein paar zusätzliche Topfpflanzen und Ziergehölze. Auf Sendung wähnte man sich in der Gartenabteilung eines Bauhauses. Und obendrein kämpften Schüssel und Mück 45 Minuten lang mit den Gelsen, die mit den Pflanzen eingeschleppt worden waren. Laut Publikumsprotokoll erkundigten sich 67 von 425 Anrufern besorgt, was das seltsame Klatschen bedeutet haben mag, das während der Sendung immer wieder zu hören war.

◇

Der Redakteur eines ORF-Landesstudios hatte einen Fehler gemacht und musste zum »Rapport« bei GI Gerhard Weis nach Wien kommen. Im sechsten Stock am Küniglberg wurde es laut. Sehr laut. »Check, Gegencheck und Re-Check«, predigte Weis, und: »Hart, hart, immer hart, aber fair!« Nach der 30-minütigen Standpauke war der Generalintendant erschöpft. Hätte er früher so gearbeitet, wäre er hochkant aus dem Unternehmen geflogen, hauchte er nur noch matt.

Der gemaßregelte Redakteur hatte eine Archivkassette mitgebracht. Die legte er wortlos in den Videorekorder des GD-Büros: Ein »ZiB«-Beitrag aus der Zeit, in der Gerhard Weis innenpolitischer Reporter gewesen war. Eine dreitägige Klausur der SPÖ-Regierungsmannschaft. Bruno Kreisky war Kanzler, Fred Sinowatz Unterrichts- und Sportminister. Die beinharte Eingangsfrage des »ZiB«-Berichterstatters Weis: »Nun, Herr Unterrichtsminister, was sind Ihre Pläne für die nächsten Jahre?« Sinowatz antwortete sieben Minuten lang. Sieben Minuten können tödlich lang sein. Vor allem, wenn der Redakteur sie nicht durch bohrende Nachfragen unterbricht. Sieben ewige »ZiB«-Minuten lang nicht. Als sich Gerhard Weis dieses Paradebeispiel eines investigativen Journalismus angesehen hatte, stand er von seinem Herrschaftssessel auf, ging wortlos zur Glasfront und blickte gedankenverloren über die Wiener Dächer. Nach langem Schweigen löste sich die angespannte Körperhaltung. »Und, Herr Kollege, was gibt es sonst Neues in der Steiermark?«

◇

Herbst 1987 – Landeskrankenhaus Klagenfurt. Der damalige Kärntner Landeshauptmann Leopold Wagner wurde nach dem Attentat im Oktober von der Intensivstation auf die Normalstation verlegt. Alle Journalisten waren um ein Interview mit ihm bemüht. Auch der junge Kärntner ORF-Reporter Willy Mitsche. »Ich rief im Spital an«, erzählt er, »und in der Tat erklärte sich Wagner bereit, ein Interview an seinem Krankenbett zu geben.

Als der Kameramann, der Tontechniker und ich sein Krankenzimmer betraten, sagte Wagner sofort und resolut, fürs Fernsehen sei nichts ausgemacht gewesen, sondern lediglich ein Radiointerview: ›Die Leute wollen einen starken Landeshauptmann und keinen, der danieder liegt.‹ Als das Radiointerview beendet war, ergriff der Landeshauptmann meine Hand und fragte mich: ›War ich wirklich ein Tyrann?‹ Ich nickte und sagte: ›Manchmal schon.‹ Wagners überraschende Replik: ›Junge, weil du so ehrlich bist, bekommst du auch das Fernsehinterview.‹«

◇

November 1983, Sitzung der Kärntner FPÖ-Landesparteileitung in einem Gasthaus am Ossiacher See: Jörg Haider war erst seit wenigen Monaten FP-Landesparteiobmann in Kärnten, die SPÖ bildete mit der FPÖ eine Bundesregierung. Haider opponierte gegen den Regierungskurs der FPÖ und drohte der Bundespartei mit der Abspaltung der Kärntner Landesgruppe. Bereits damals war von einem CDU/CSU-Modell die Rede. FPÖ-Chef und Vizekanzler Norbert Steger eilte nach Kärnten, um die Wogen zu glätten. »Die Sitzung begann am Vormittag und dauerte bis in den Abend«, erinnert sich ORF-Radiodirektor Willy Mitsche. »Die wartenden Journalisten waren schon sehr ungeduldig, ich auch, weil sich auch ein Bericht für die »ZiB« um 19.30 Uhr nicht mehr ausging. Knapp nach 20 Uhr war aber dann die Sitzung doch zu Ende, die Türen öffneten sich, Haider und Steger stellten sich gemeinsam meinen Fragen. Als ich Haider fragte, ob er ›vor Steger in die Knie gegangen sei, weil das CDU/CSU-Modell nicht verwirklicht werde‹, verlor der sichtlich angespannte Steger die Nerven, riss mir das Mikrophon aus der Hand und sagte wörtlich: ›So reden Sie mit keinem Roten, so reden Sie mit keinem Schwarzen, so werden Sie auch mit keinem Blauen reden. Sie vergessen, dass wir in der Regierung sind, das Interview können Sie auch vergessen!‹ Anderntags hatten die anwesenden Zeitungsjournalisten ihre Schlagzeile.«

Rumpelstilzchen in Kärnten: Jörg Haider sorgte immer wieder für Aufruhr, auch bei den eigenen Leuten.

*

ORF-Morgenjournal vom 2. März 2009: Wirtschaftsredakteur Christian Hunger: »Herr Nemsic (ausgesprochen Nemschitsch), Sie gehen jetzt von der Telekom Austria, zu einem ungünstigen Zeitpunkt.« – Nemsic: »Es ist ein guter Zeitpunkt. Sie haben jetzt nach zwölf Jahren meinen Namen erstmals richtig ausgesprochen.«

*

Jedoch: Es gibt ja nicht nur den ORF. Vor zehn Jahren wagte die Erzdiözese Wien das Experiment eines eigenen Radiosenders: Radio Stephansdom. Der Papst war gerade auf Österreich-Besuch. Er sollte seinen Segen geben. Aber wie? Kurz entschlossen nahm man zur Audienz beim Kardinal ein Mischpult mit, weil man ja nicht einen ganzen Sender dorthin transportieren konnte. Der Sekretär des Papstes, Stanislaw Dziwisz, lehnte das Ansinnen empört ab. Aber da ging Johannes Paul II. an dem Gerät vorbei, griff in den in der Nähe stehenden Weihwasserkessel und »ertränkte« mit seinen zittrigen Händen das Mischpult geradezu. Die Verzweifelten stellten es in ein Abstellkammerl – auf Nimmerwiedersehen.

Einige Jahre später gab das neue Mischpult seinen Geist auf. Senderchef Anton Gatnar erinnerte sich an das geweihte Mischpult, »aber das ist sicher total verrostet, so viel Wasser hat der Papst hineingeschüttet«. Man holte das Gerät aus dem Lager, schloss es an, und es funktionierte – zum Erstaunen der Fachleute. Weihwasser ist eben doch ein besonderes Wasser.

Der »Scharfe«

Was wäre Fernsehen ohne Kameraleute? Eben!

Damit sind wir bei jenen angelangt, ohne die Politik den Sehern nicht vermittelt werden könnte: den Meistern der Optik, den Kameraleuten. Einem hat Gerhard Vogl in seiner Schnurren-Sammlung ein kleines Denkmal gesetzt:

Herbert Schulers ORF-interner Spitzname war »Da Scharfe« – wobei nie ganz klar wurde, ob diese Bezeichnung von seiner spitzen Zunge oder von der Schärfe seiner Bilder herrührte. Gleich ein Beispiel dazu: »Da Scharfe« stand in der Säulenhalle des Parlaments herum, bei der »8er Säule«, wie er sagte, und wartete auf den Redakteur. Da kam Sixtus Lanner, der einstige ÖVP-Generalsekretär, vorbei. »Heut' arbeiten Sie aber nicht viel, Herr Schuler.« Schuler, nicht auf die Papp'n g'fallen: »Sie ham a no net vü tan. Heben S' amal die Kamera.« Sixtus Lanner hob sie und stöhnte dabei: »Die ist aber schwer!« Schulers grimmige Replik: »Seg'n S', Herr Doktor Lanner, des is die erste ehrliche Hack'n, seit i Sie kenn.«

◇

Das mit der »ehrlichen Hack'n« war überhaupt einer der Lieblingsaussprüche des »Scharfen«. Als Fred Sinowatz zurücktrat, um Franz Vranitzky Platz zu machen, begleitete ihn Herbert Schuler auf seinem letzten Weg zu Bundespräsident Waldheim. Mit von der Partie war Gerhard Zeiler, damals Pressesekretär des fülligen Burgenländers – oder wie es Herbert Schuler direkter ausdrückte: »Presseschakl beim G'füllten.« Auf dem Rückweg von der Hofburg machte Schuler dem jungen Zeiler ein tolles

Angebot: »Da Alte geht jetzt eh'. Kumm' zu mir als Assistent, hast a ehrliche Hack'n.«

◇

Wenn ein Politiker nicht so vorteilhaft aussieht, wie er sich selbst gern sehen möchte, dann sind sie schuld: die Fotografen und Kameraleute. So auch geschehen bei »Vranz« Vranitzky. Vor einer Ministerratssitzung galt es, noch schnell eine aktuelle Stellungnahme des Kanzlers einzuholen. Der stand gerade vor einem Fenster, voll im Gegenlicht. Am nächsten Tag beschwerte sich Kanzler-Sekretär Karl Krammer bei Herbert Schuler: »Da Chef hat si aufg'regt, weil er so blad ausg'sehn hat.« Als Schuler sehr direkt die Ehre der Zunft verteidigte – den genauen Wortlaut ersparen wir uns –, trat plötzlich der Kanzler dazu. Schuler im Originalton: »Sie haben an schlechten Hemdenschneider. Der macht Ihna die Hemden um zwa Nummern z'klan. Natürlich schaut dann der Kopf aus wie a aufgangenes Germknödl.«

◇

Die Dritte Nationalratspräsidentin Marga Hubinek bat Schuler einmal, sie mit der sogenannten »Schokoladenseite« aufzunehmen. Schuler schockte sie mit seiner Beteuerung: »Ka Angst, Gnä' Frau. Ich mach no aus jeder Schabracken an Teenager!«

◇

Eigentlich waren sie beide zwei »Alte« im Geschäft: Bruno Kreisky und Herbert Schuler. Kreisky, dem gelegentlich eine altväterliche Sprache eigen war, fragte einmal: »Wie heißt dieser alte Operateur? Seit zwanzig Jahren kenn ich ihn schon.«

Als Schuler einmal bei Aufnahmen im Allerheiligsten, dem Kanzlerzimmer, gröbere Umgruppierungen vornahm, löste das heftigen Protest von Margit Schmidt, der Kreisky-Vertrauten aus. Schuler konterte: »Da Alte macht eh', was i wü!« In dem Moment schaut Kreisky bei der Tür herein: »Ja, ja, der Alte macht schon, was Sie wollen.«

*

Der berühmteste Kameramann seiner Zeit war Otto Pammer, der für »Fox tönende Wochenschau« alle Sensationen dieser Welt filmte: Abzug der Alliierten aus Österreich, erster Opernball 1956, Toni Sailers Siegesfahrt, Ägyptens König Faruk in Lech, Hermann Buhls triumphale Heimkehr nach der Erstürmung des Nanga Parbat, Arbeiteraufstand 1953 in Ostberlin, aber auch die »Miss Sauerkraut«. Und – natürlich – den Staatsvertrag. Er war an allen Schauplätzen der Welt – wo es gerade brannte. Und weil er auch Filmproduzent war, lud er alle Jahre wieder am 24. Dezember tagsüber zu einem Umtrunk in seiner Firma ein. Da fehlte kaum ein Prominenter aus Funk und Fernsehen. Seine damalige Assistentin (sie will nicht namentlich genannt werden) kam nur zweimal: das erste und das letzte Mal! Der Ehemann musste nämlich die abendliche Bescherung absagen. Die Mutter zweier kleiner Kinder lag krank im Bett. Whiskey und Eierlikör ab zehn Uhr Vormittag – das hatte nicht gutgehen können.

◇

In der Nacht auf den 15. Mai 1955 schlief Pammer kaum, wie er später erzählte. Er hatte »Schiss«: Als einziger österreichischer Kameramann filmte er den historischen Staatsakt im Belvedere. Schon tags zuvor hatte er die alte Kamera aufgebaut und die Lichtverhältnisse geprüft. Vier Stunden vor Beginn der Filmaufzeichnung war er schon wieder am Schauplatz. Und er hatte Glück: Nichts ging daneben.

◇

Pammer stand an vorderster Front, als 1956 der ungarische Volksaufstand von den Sowjets niedergewalzt wurde. Pammer wusste, dass er hier eine Mission für die freie Welt zu erfüllen hatte: Er filmte tagsüber wie besessen, raste jeden Abend nach Wien, entwickelte, schnitt, machte die Texte – die Filmrollen gingen in die ganze Welt. »Mein kleiner Beitrag«, untertreibt er bescheiden, »damit die Welt erkennt, wie sie die armen Ungarn im Stich gelassen hat.« Freilich hätte daraus eventuell ein Atomkrieg entstehen können, meinte er. »Vielleicht war's besser so.«

◇

Als die Flüchtlingswelle ab dem 4. November 1956 über Österreich hereinbrach, flohen auch Pammers ungarische Kollegen – 16 Mann hoch. Die brachte er in einem Keller beim Westbahnhof unter. »Ein Matratzenlager halt.« Der eine wollte nach Brasilien, der andere nach Kanada, wieder ein anderer nach Norwegen. »Es ist mir tatsächlich gelungen, alle 16 irgendwo unterzubringen. Einer wurde Chef-Kameramann des norwegischen Fernsehens.«

◇

Kameramann Lorint Scüsc lag Pammer besonders am Herzen. Der wollte unbedingt nach Brasilien. Das dauerte. Aber nach drei Monaten bekam er doch seine Schiffspassage. »Beim Abschied hatte ich eine einzige Bitte an ihn: »Schau, dass was wird aus dir. Mach' Geschäfte! Wenn ich je nach Brasilien kommen sollte, möchte ich, dass du einen Cadillac hast.« Nach sechs Jahren hatte Pammer in São Paolo zu tun. Er wälzte zwanzig Zentimeter dicke Telefonbücher und fand einen Lorenzo Scüsc. Was stand in dessen Garage? Ein Cadillac.

*

Der erste Kardinal, der mit der Welt der Medien zu tun bekam«, erzählt Gerhard Vogl, »war Theodor Innitzer, der alle politischen Machtwechsel überlebt hatte; vom Ständestaat ins Hitler-Reich, und zurück ins Österreich der Zweiten Republik. Damals gab es zwar noch kein Fernsehen, aber schon die »Austria-Wochenschau«. Und deren Kameramann Manfred Imber war ein besonders einfallsreicher Typ, was die Wahl seiner Motive betraf. So rätseln Kollegen bis heute, wie es ihm gelang, bei der Messe für den wiedererstandenen Stephansdom die Rückseite des Hochaltars abzuschrauben. Als nämlich Kardinal Innitzer die reich vergoldete Tabernakeltüre öffnete, blickte er über die Monstranz hinweg ins Gesicht des Kameramannes. Innitzer war wie vom Blitz getroffen und schien die Fassung zu verlieren. Imber, da kurzsichtig, den Brillenbügel im Mund, zischte zwischen den Zähnen hindurch: ›Lächeln! Eminenz! Lächeln!‹«

Keine Blondinenwitze!

Das Innenleben von Zeitungsredaktionen heute

Die Ausbildung junger Nachwuchskräfte in der sogenannten Lehrredaktion überlassen die Verlagshäuser gern robusten und rüden Lokalredakteuren. Erstens, um möglichst viele Aspiranten gleich auszuscheiden. Andererseits, um die paar Talente abzuhärten, die sich auch durch laute Tonart nicht abschrecken lassen. Auch nicht von dem hohen Kursbeitrag, den sie erlegen müssen. Nur wer die »Tour der Leiden« bewältigt, hat Aussicht auf Höheres: Wenig Geld (da Zeilenhonorar), viel Arbeit (weil noch keine Routine vorhanden ist), null Anerkennung – Journalisten-Dasein eben. Friederike Leibl war eine von den Knallharten. Sie verzieh ihrem Ausbildner aber erst viel später dessen ersten Auftrag: »Vergessen Sie, dass Sie blond sind, und fahren S' jetzt da hinaus!«

◇

Der erfahrene Innenpolitik-Redakteur Manfred Kadi durfte nur einmal im außenpolitischen Ressort von Andreas Unterberger aushelfen. Ein kleiner Titel über einem Porträt des damals neuen Ministerpräsidenten von Hessen wurde ihm zum Verhängnis: »Eichel: Vom Arbeiter an der Basis zum Senkrechtaufsteiger.«

◇

Norbert Rief erlitt das Schicksal, das jedem Anfänger beschieden ist: Kurzmeldungen verfassen, endlose Episteln der Kollegen auf die Hälfte kürzen. Eine undankbare Arbeit. Knurrte der junge Rief eines Tages: »Ich glaub', ich hab' in meinem Leben scho' mehr Zeilen gekürzt als g'schrieben.«

◇

Ähnlich erging es der Nachwuchshoffnung Christian Ultsch in der Außenpolitik. Er hatte das Epos der langgedienten Griechenland-Korrespondentin »einzurichten«. Nach getaner Fronarbeit fragte er verdattert: »Ist die Frau Condellis Österreicherin?«

*

Leo Weber war Lokalreporter beim »Kurier«. Eines seiner unvergesslichsten Erlebnisse sollte eine Klettertour auf den Stephansturm werden. Zuerst 343 Stufen bis zur Türmerstube, dann 70 Stufen bis zum ersten Ausstieg. Über Holzleitern im Inneren des schlanken Turmspitzes in eine Höhe von 120 Metern. Und dann die restlichen 17 Meter außen über Eisenleitern. Wahrhaft schwindelerregend. Unter dem drehbar gelagerten goldenen Doppeladler machte Weber ein kurzes Interview mit dem Steinmetz Franz Oelzant, dann verabschiedete man sich freundlich. »Auf Wiedersehen!« Tatsächlich: Zwei Stunden später war Weber wieder ganz oben: »Entschuldigen Sie, aber ich hab' meinen Kugelschreiber vergessen.« In einer Ritze im Gestein lag das Ding. Ein »Parker« war damals eben viel wert.

*

Kleinanzeigen in Zeitungen können einiges bewirken. Sie bringen Liebespaare zusammen, sie können aber auch eine Verbrecherjagd auslösen. Am 25. Juni 1973 fand die Polizei folgende Zeilen im »Kurier«: »1919, habe Montag vergeblich beim Turm auf Dich gewartet, werde es Mittwoch und Donnerstag gegen 22 Uhr nochmals probieren. Bin momentan unter 02774/326 zu erreichen.« Endlich hatte die Polizei die richtige Fährte, um den Schwerverbrecher Ernst Dostal aufzustöbern. Der hatte sich in einem Wochenendhaus versteckt und telefonisch die Kleinanzeige aufgegeben, um mit seinem Vater in Kontakt zu kommen.

◇

Bei fast 50 000 Stellenanzeigen im Monat können Tippfehler schon einmal passieren. So suchte etwa Friseurmeister S. »nette Hilfskraft für Kopfwatschen.« Ein »Kochlehrling im 3. Lebensjahr sucht Lehrstelle.« Statt zum Aufschlitzen von Weihnachtskarpfen werden »Arbeitskräfte zum Aufschlitzen von Weihnachtskarten gesucht«. Ein Bauunternehmer bot seine Laderaupe zum Verkauf an. In welcher Rubrik landete seine Annonce? Natürlich in der Tierecke.

Auch süße Rache ist mittels eines Kleininserats möglich. So bestellte die erboste Ex-Frau eines Staatsanwaltes ein Inserat, dass entzückende Hundewelpen gratis abgegeben werden: Name, Adresse und Telefonnummer des Ex-Mannes. Ab sechs Uhr früh hatte der arme Mensch zu tun, um Tierfreunde abzuwimmeln. Schließlich floh er in einen Kurzurlaub.

Da gibt es statt einer reifen Persönlichkeit eine »Reisepersönlichkeit«, ein siebenfach »bereistes« Auto, es werden »Taxikonfessionen« vergeben und auch ein »Kinorestaurant« wird angepriesen. Die Interessenten fanden aber nur ein Chinarestaurant vor.

*

In den Neunzigerjahren war die Serie »Wiener Straßen« ein Dauerbrenner in der »Presse«. Walter Taussig, seines Zeichens Associate Conductor der New Yorker Met-Opera, erkundigte sich – wir waren damals beim Buchstaben »B«, ob der nach seiner Tante, einer Malerin, benannte Tina-Blau-Weg auch erscheinen würde. »Selbstverständlich«, brummte Wolfgang Wimmer, »aber nicht unter ›B‹ für ›Blau‹, sondern unter ›T‹ für »Tina« – und das wird dauern.« Nach fast zwei Jahren und der Zusendung des entsprechenden Ausschnitts bedankte sich Taussig brieflich

»für die so hoch erfreuliche Einlage (Tina-Blau-Weg), die mir natürlich besonders willkommen war. Und die Wartezeit – würde Heine sagen – hab' ich vergessen!«

*

Malte Olschewski wurde von seinen Kollegen in der Außenpolitik, deren Büro sich im Pressehaus am Wiener Donaukanal im 13. Stockwerk befand, gern auf die Schaufel genommen. Eines Tages – es tobte ein heftiges Gewitter über Wien – rief ihn Ressortchef Marton von seinem Apparat im selben Raum an und gab sich als Chef der Meteorologie auf der Hohen Warte aus: »Ja, bitte, Herr Kollege; es ist mir sehr peinlich, aber uns ist das Blitzzählgerät ausgefallen. Und ich weiß, dass Sie von Ihrem Arbeitsplatz aus einen guten Überblick über die Stadt haben. Wären Sie so freundlich, in der kommenden halben Stunde – dann müsste das verd... Gerät wieder funktionieren –, alle Blitze über der Stadt zu zählen. Und bitte trennen Sie diese auch in Horizontal-, Vertikal- und Kugel-Blitze!« – Malte Olschewski sagte zu, setzte sich eine halbe Stunde lang zum Fenster und führte eine Strichliste. Dann rief er den wahren Leiter der ZAMG an: »Grüß Gott, Herr Hofrat. Also bitte: Es waren 93 Blitze, davon 22 horizontal, der Rest vertikal. Aber bitte, Kugelblitz hab ich keinen gesehen ...«

◇

Ein besonders liebenswerter Kollege war Peter Zehrer, Chronik-Redakteur bei der »Presse«. Zehrers besondere Liebe galt allen Arten von Uniformen, was einmal seine Kollegen bei aller Sympathie fast zur Lynchjustiz getrieben hätte. Es war eine sommerliche Pressekonferenz bei Innenminister Karl Blecha, die sich, bei einer Außentemperatur von über 30 Grad, lange, lange, endlos lange hinzog – ohne Klimaanlage. Schließlich waren Themen und Fragen und Menschen erschöpft, man war am Ende. Aber nur fast, denn als Blecha schließen wollte, fiel ihm Zehrer ins

Wort. Eine Frage habe er schon noch: »Wann bekommt die Exekutive endlich Kurzarmhemden?«

◇

Zehrer und Fotograf Rudi Blaha berichteten gemeinsam aus Bukarest, das von einem heftigen Erdbeben erschüttert worden war. Nach drei Tagen hatte der Fotograf die Nase voll. Er würde tags darauf abreisen, teilte er dem Kollegen mit. Z. dagegen wollte noch zuwarten und »seinen« Fotografen ständig dabeihaben. Beide gingen im Streit auseinander. Mitten in der Nacht wurde der Fotokünstler vom rumänischen Geheimdienst »Securitate« verhaftet und bis zum nächsten Abend festgehalten. Als man ihn wieder ins Hotel entließ, eröffnete man ihm, dass sein schreibender Kollege selbst zu den ständig in der Hotelhalle sitzenden Geheimdienstlern gekommen war und ihn als »Spion« angezeigt hatte, bloß um ihm die Heimreise zu versalzen.

◇

Zehrer war berühmt dafür, die längsten Blut- und Boden-Reportagen nicht erst aufzuschreiben und dann an die Redaktion zu kabeln, sondern sie aus dem Gedächtnis zu telefonieren. Als Papst Johannes Paul II. erstmals Mariazell besuchte, war Zehrer mit dem Chronik-Nachwuchs namens Andreas Schwarz als Reporter natürlich an Ort und Stelle. Schwarz wurde vom Chef ins Getümmel geschickt, derweil sich der Chronik-Meister ins Wirtshaus begab, das er zum »Hauptquartier« erklärte. Immer wieder platzte Schwarz aufgeregt mit neuen Informationen in die Gaststube zurück, doch Z. wollte sie gar nicht hören: »Geh aussi und recherchier!«. Mittags, als der Redaktionsschluss nahte, war noch keine Zeile geschrieben. Dann begann die gemeinsame Arbeit: »Setz di' her und iss a Gulasch«, befahl der Meister der Reportage. Es wurde zwei Uhr, Schwarzens Nervenkostüm flatterte bereits bedenklich. Zehrer ging seelenruhig an die Arbeit: »Schau amal, dass du ein Telefon auftreibst.« Im Nebenzimmer war eines. Zehrer: »Ich gib jetzt die G'schicht durch – und du schreist, wenn was net stimmt!« Sprach's und diktierte der Sekretärin druckreif eine 250-Zeilen-Reportage – von einem Papstbesuch, den er keine Sekunde selbst mitverfolgt hatte. Es war die beste und richtigste, die am nächsten Tag in den Gazetten erschien. Auf der Heimfahrt im Journalistenbus fiel der Kopf von Z. auf die Schulter des neben ihm sitzenden und staunenden Jungreporters: »Tschuldigst eh, wenn ich jetzt ein bisserl wegschlaf.«

◇

Redakteur N. (Edler von) N., ein pures Protektionskind, volontierte im »Presse«-Lokalressort. Dessen Chef Peter Zehrer stieß N.'s arrogante, besserwisserische Art immer mehr sauer auf. Unter anderem stakste der Jungaristo zum Ressortchef, stützte sich auf dessen Schreibtisch kräftig mit beiden Armen auf und erklärte dem gestandenen Journalisten die Welt. So lange, bis Zehrer eines Tages penibel ein Dutzend Reißnägel an der besagten Stelle auflegte und mit APA-Meldungen zudeckte.

◇

Zehrer war nicht der einzige begnadete Schreiber und Trinker in dieser Zunft. Günther Nenning hat es auf den Punkt gebracht. »Erstens: Es ist unwahr, dass jeder Journalist säuft. Zweitens: Wär's a Wunder …?« Aber auch Abstinenzler haben es zu etwas gebracht: »Kronen-Zeitung«, Anfang der Neunzigerjahre. Ein junger Kollege sollte Karriere machen und Chefredakteur einer Bundesländer-Ausgabe werden; das war eine Entscheidung von Hans Dichand, der immer die »Zeitung mit Herz« predigte. Ganz sicher war Dichand seiner Sache aber nicht. Er fragte einen seiner Anwälte, der den Kandidaten kannte: »Sagen Sie, trinkt der N. N.?« – »Keinen Tropfen!«, antwortete der Anwalt wider besseren Wissens mit gespielter Empörung, um den Karrieresprung seines Freundes nicht zu gefährden. »Schlecht«, antwortete Dichand. »Nur Säufer haben Herz!«

*

Die »Innenpolitik« des »Standard« ging gerne zum Mittagessen in ein italienisches Innenstadtlokal. Am Schluss gab es immer eine Runde Grappa. Daraus wurde eine Saufwette: Wer in einem seriösen Innenpolitik-Bericht im »Standard« logisch-glaubwürdig den Satz »Dann haben wir noch drei Grappa getrunken« unterbrachte, sollte vom Rest der Mannschaft eine Kiste Bier erhalten. Den entsprechenden Vogel schoss schließlich Josef Ertl (später Chefredakteur der »Oberösterreichischen Rundschau«) ab. Er dichtete das Zitat in einem »Standard«-Bericht ausgerechnet Wolfgang Schüssel an. Der fragt sich wohl bis heute, mit wem er, wann und wo, nach einem Ministerrat jene drei Grappa getrunken haben sollte, die ihm der »Standard« in den Mund gelegt hatte.

*

Der langjährige Leiter der Wiener Redaktion der »Kleinen Zeitung«, Kurt Vorhofer, hatte seine Journalistenlaufbahn in der Außenpolitik begonnen. Bei einem Abend mit Jungjournalisten erklärte er das höchst simpel: »Man hat mir gesagt: Wenn Du in der Chronik was Falsches schreibst, gibt's gleich irgend jemanden, der klagt. Also fang'st in der Außenpolitik an, denn der Eisenhower klagt nicht!«

◇

1975, wir waren gerade auf Wahlkampf mit dem ÖVP-Spitzenkandidaten Josef Taus, knallte uns am Sonntagmorgen eine Schlagzeile der »Kronen-Zeitung« entgegen: »Bestechung mit 100 000 Schilling«. Was war geschehen? Der frühere »Presse«-Innenpolitiker Georg Nowotny, damals bei der »Krone«, war vom ÖVP-Abgeordneten und Bautensprecher Leopold Helbich gebeten worden, für ihn ein Wahlkampfkonzept zu erstellen. Der sensationelle Preis stand freilich in keinem Verhältnis zu dem geringen Aufwand. Nowotny verstand die Aufforderung des millionenschweren Unternehmers schon richtig: »Hundert – und wir reden nicht mehr darüber!« Nowotny ließ die Sache platzen, Helbich musste seinen Sitz im Nationalrat räumen. Allerdings zog er wieder ins Hohe Haus ein, nachdem über den Skandal Gras gewachsen war.

*

Junge Redakteure werden von Beginn an geschult, Lesern, wie penetrant auch immer sie sein mögen, höflich und zuvorkommend zu begegnen. So behielt auch der junge Sportreporter Christoph Biró die Contenance, als in seinem Abenddienst mehrfach das Telefon läutete und ein »Presse«-Leser mit schwerer Zunge immer wieder zu wissen begehrte: »Tschuldigung, aber was is eigentlich Biathlon?« – »Ski-Langlaufen und Schießen«, antwortete B.; drei Minuten später wieder: »Sagen S', was is eigentlich Biathlon?« B. behielt die Geduld und gab Auskunft – fünf-, sechs-, siebenmal. Beim zehnten Läuten nahm Sportchef Josef Metzger seinem verzweifelnden Novizen den Hörer aus der Hand und brüllte hinein: »Biathlon is' Federball auf Schlittschuhen!«

◇

Beim Osteuropa-Experten der »Presse«, Erich Hoorn, sagte sich per Fernschreiben ein hoher sowjetischer Militär an: Er wolle seinen Antrittbesuch absolvieren, ließ »Oberst Petrowski« wissen. Hoorn wusste die Ehre zu schätzen und konnte Chefredakteur Thomas Chorherr überreden, den hohen Gast gemeinsam am Eingang des Pressehauses zu erwarten. Nach einer Stunde Warten gaben sie auf. Ein zorniger Rückruf bei der sowjetischen Botschaft ergab: Die Leute im Fernschreibkammerl hatten sich einen Jux gemacht.

◇

Rainer Nowak, begabter Sprössling des früheren APA-Chefredakteurs, begann sein Sklavendasein in der Chronik. Auf die väterliche Ermahnung eines in Ehren ergrauten Redakteurs (»Seien S' braver und fleißiger, sonst kommt einer, der besser und billiger ist«) wusste er eine Antwort: »Einen Besseren als mich finden Sie – mag sein. Aber einen Billigeren? Der kann dann gar nimmer Deutsch.«

◇

1997 entschied eine Schlussdienst habende Redakteurin trotz ihrer großen Routine, den bevorstehenden Rücktritt des SPÖ-Kanzlers Franz Vranitzky erst mit 48-stündiger Verspätung ins Blatt zu rücken. Gut – es lag ein Wochenende dazwischen. In diesen Tagen mühte sich die Wien-Redaktion gerade, ihre Leser zum Texten einer Wiener Landeshymne zu animieren. So lautete ein (anonymer) Vorschlag aus der Redaktion wie folgt: »Ist auch der Kanzler plötzlich neu / Die Presse bleibt dem alten treu / lässt zwei Tag' länger ihn im Amt / das macht das Blatt so elegant!«

*

Am 21. Dezember 1975 – ein Sonntag – hatte Wirtschaftsredakteur Herbert Hutar Dienst. Er war auf die OPEC spezialisiert, die an diesem Wochenende eine Tagung in Wien veranstaltete. Blöderweise wohnte die damalige Freundin Hutars in der Steiermark. Also recherchierte er schon am Freitag, was zu erwarten sein würde – nämlich nicht viel. Er schrieb einen Einspalter fürs Montagblatt – und verduftete. Um 11.45 Uhr stürmten sechs Terroristen unter Führung des legendären »Carlos« das OPEC-Gebäude am Lueger-Ring, nahmen die Ölminister aus sämtlichen arabischen Staaten als Geiseln, verschanzten sich und lieferten der Polizei ein Feuergefecht. In der Redaktion wirbelte alles durcheinander, Reporter und Fotografen meldeten sich von der Ringstraße. Aus einer Telefonzelle, Mobiltelefon gab's noch nicht. Chefredakteur Schulmeister witterte die Sensationsmeldung, denn »wir« hatten ja einen Redakteur im OPEC-Gebäude, der hoffentlich bald berichten würde. Nachmittags meldete der sich endlich: »Ja, also es is nix los bei der OPEC, der Einspalter kann so erscheinen.« Schulmeister riss den Telefonhörer an sich: »Hutar, wo sind Sie?« – »No, in der OPEC, aber es gibt net viel her.« –»Hutar, was ist los bei euch? Können Sie frei sprechen? Sind Sie gefesselt?« – »Äh, warum, bitte?« – »Hutar!!!! Die Wahrheit! Sie sind nicht in der OPEC!« – »Nein. Aber woher wissen S' das, Herr Doktor?« Am Montag lag die Kündigung abholbereit im Chefsekretariat. Da gab's nicht mehr viel zu diskutieren. Beide Seiten nahmen es sportlich.

*

Schneefall in der Millionenstadt Wien: Alljährlich wieder eine völlig unvorhergesehene Schikane der Natur, über die Chronik-Redakteure atemlos berichten müssen – weil sich Leitende Redakteure über ungeräumte Garagenausfahrten ärgern. Auch Andreas Unterberger, solange er »einfacher« Außenpolitk-Chef war. Vom Tag seiner Ernennung zum Chefredakteur an war alles anders: »Ich wohn' am Schafberg, also heuer kann ich wirklich nicht klagen.« Was er nicht wusste: Die Chronik-Redaktion hatte die Schneeräumer der MA 48 über den Wohnsitz des neuen »Presse«-Chefs heimlich informiert.

◇

Ja, der Schnee in Wien. Nach heftigstem Schneefall stand im Winter 1992 alles still, auch die »Kurier«-Redaktion war dünn besetzt. So erhielt der Wirtschaftsredakteur Christian Lenhardt den ungewöhnlichen Auftrag, im Wiener Rathaus den »Schneefall« zu recherchieren. In seiner Not rief er Finanzstadtrat Hans Mayr an, der zwar alles wusste, für die Schneeräumung aber ganz sicher nicht zuständig war. Dennoch teilte er prompt mit, dass bei den Wiener Linien alles klaglos lief, »nur bei der U6 haben wir ganz in der Früh einen kleinen Motorschaden bei einem Triebwagen gehabt«. Hans Mayr bestätigte wieder einmal den Ruf, der ihm vorauseilte: nämlich alles zu wissen, was in Wien vor sich ging.

◇

Eine Journalistenreise ins Skigebiet in Tirol. Die gastgebenden Hoteliers bemühten sich reizend um die schreibenden Gäste, doch die wollten nur drei Tage ausspannen. Für den letzten Abend war als krönender Höhepunkt ein Fackelschilauf geplant – aber keiner ging hin. Verzweiflung bei den Gastgebern. Anlass bestand dazu freilich keiner. Alle Reiseteilnehmer hoben in ihren Reiseberichten speziell den Fackelschilauf positiv hervor. Dieser hatte wohl noch nie eine so gute Presse.

◇

Einmal Reporter, zeitlebens Reporter: 1967 sollte »Kurier«-Redakteur Gerhard Pistor mit der AUA, von München kommend, in Wien landen. Doch das rechte Fahrwerk der Maschine klemmte. Eineinhalb Stunden lang kreiste der Flieger über Wien, unten sahen die geängstigten Passagiere Dutzende Blaulichter: Großalarm in Wien-Schwechat. Der Pilot entschloss sich zur Notlandung. Und Pistor? Das nahe Ende vor sich, notierte er gewohnheitsmäßig seine »letzten« Eindrücke«: »23.07 Uhr. Licht aus. Nur Notbeleuchtung, möchte rauchen, vorbereitet auf … heftigen Aufprall … 23.09 Uhr: Eigentlich keine Angst …« Dann musste er die Krawatte herunternehmen, die Schuhe ausziehen, den Kopf auf den Mantel legen – und auf den Aufprall warten. Glück im Unglück: Die Maschine landete sicher im Schaumteppich.

◇

Manchmal ist einem Chronik-Journalisten nichts zu tief, selbst wenn er bei keinem Boulevard-, sondern für ein Qualitätsblatt arbeitet. Unter dem Graben, da gibt's ein Jugendstil-Klo, und die

Dame, die dort einst das Regiment führte, war eine schillernde, gealterte Nachtklubtänzerin. So weit, so gut – hätte sie nur nicht gemeint, als Lohn für ihre gute Geschichte stünden ihr ein paar Minuten Freizeit und ein Kaffee in frischer Luft zu. Kurzerhand drückte sie also der Redakteurin die Schlüssel für Wiens schönste Toilette in die Hand und meinte: »Ist ja kein Malheur: Nur aufsperren und kassieren. Das Trinkgeld kannst dir b'halten, Madl.«

*

Der ORF-Journalist Wolfgang Fuchs arbeitete in den Siebzigerjahren bei der »Wochenpresse« im Heiligenstädter Pressehaus. Chefredakteur war Franz Ferdinand Wolf, Innenpolitik-Ressortleiter Gerald Freihofner. Eines Abends brach ein kleiner Zimmerbrand aus, nichts Aufregendes, es musste nicht einmal die Feuerwehr bemüht werden. Ein paar dicke Decken löschten den Brand, der durch eine Zigarette ausgelöst worden war. Leider wurde ein »Hackstock« (also eine Schreibmaschine) ziemlich in Mitleidenschaft gezogen: Das Plastikgehäuse war arg verschmort. Es bog sich in alle Richtungen, das Gerät war nicht mehr zu gebrauchen. Doch die Redaktion hatte eine geniale Idee. Sie erzählte einem befreundeten Kunsthändler von einer neuen Kunstrichtung: »BURN-art«. Und der kaufte tatsächlich dieses ungewöhnliche »Kunstwerk«.

*

Der 1. August 1976, ein Sonntag, fing schon scheußlich an. Ab 6.30 Uhr läutete »Presse«-Chefsekretärin Lore Fessler alle erreichbaren Redakteure an. Mit überschnappender Stimme forderte sie, die Damen und Herren mögen sofort ihre Hintern in Bewegung setzen: Die Reichsbrücke sei eingestürzt. Viele legten verärgert wieder auf, einer rief ihr gar das Götz-Zitat zu. Aber bei den ersten Radionachrichten war klar: Lore Fessler hatte richtig gehört. Die Redaktion füllte sich recht rasch, die Lokalisten recherchierten den Einsturz, ob es Verletzte oder gar Tote gegeben hatte etc. Die Innenpolitiker versuchten derweil einen politisch Verantwortlichen auszumachen, der ja dann bald gefunden wurde – zumindest auf dem Zeitungspapier. Es war der damalige Bautenstadtrat Hoffmann. Schon allein, dass er auf Urlaub war, machte ihn verdächtig. Doch der Nachmittag brachte die zweite böse Überraschung. Diesmal im Sport, der bei der »Presse« ein eher stiefmütterliches Dasein führte. Hans Huber und Peter Linden kamen in die Lokalredaktion gerannt und verkündeten schreckensbleich: »Der Lauda ist gegrillt.« Beim Nürburgrennen hatte es den Ferrari-Fahrer voll erwischt, der Wagen stand in hellen Flammen. In der Sportredaktion flimmerten die schrecklichen Bilder im TV, ein Live-Bericht Josef Metzgers kam nicht zustande – alle Leitungen besetzt. Erst am Abend kam der Sportchef telefonisch durch. Nicht nur er wartete die ganze Nacht auf die sicher scheinende Todesmeldung: »Des kann kaner überleben, der war ja auf'm Rost!« Lauda überlebte, wie wir wissen.

*

Anlässlich wichtiger Festtage ergeht vom Bundespräsidenten als Oberbefehlshaber des Bundesheeres stets ein »Tagesbefehl«, der von staatstragendem Inhalt strotzt und stets pathetisch endet: »Es lebe das österreichische Bundesheer! Es lebe die Republik Österreich!« Der Text wird stets von der Präsidentschaftskanzlei an die »Austria Presse Agentur« (APA) übermittelt. So auch 1973. Das Fax kam an die APA, wo das Telex geschrieben und ausgesendet wurde. Die Krux in diesem Falle war, dass der Telex kein Rufzeichen-Zeichen kannte. Deswegen wurde in solchen Fällen immer die in Klammer gesetzte Abkürzung »(rufz.)« verwendet. Und dann schlug der Tippfehlerteufel zu, indem die eintippende Fernschreiberin die Reihenfolge der Buchstaben durcheinander brachte. So stand an der, boshaft formuliert, »strategisch passenden« Stelle nicht: »Es lebe das österreichische Bundesheer (rufz.)«, sondern: »Es lebe das österreichische Bundesheer (furz.).« Wenig später rief die Präsidentschaftskanzlei in der APA an (»es ist etwas Furchtbares passiert ...«) und begehrte eine Berichtigung. Das aber lehnte der diensthabende Redakteur Michael Kress mit der Begründung ab, dass dann erst recht alle den Fehler bemerken würden, der so vielleicht gar nicht auffalle. So war es dann auch.

*

Helmut Elsner, der mittlerweile wegen der in der Karibik versenkten Milliarden zu neuneinhalb Jahren Haft verurteilte Ex-BAWAG-General, war für seinen luxuriösen Lebensstil bekannt. Für Aufregung sorgte dabei vor allem das noble Penthouse über der BAWAG-Zentrale in der Wiener Innenstadt. Für die journalistische Arbeit erwies sich das Penthouse vor einigen Jahren aber als echter Glücksfall.

Wegen verbotener Zinsabsprachen im Lombard-Club hatten die Banker, die sich im noblen Wiener Ringstraßenhotel Bristol über Jahre hinweg regelmäßig bei Tafelspitz und Schmankerlbombe die Höhe von Spar- und Kreditzinsen ausschnapsten, von der EU eine dreistellige Millionenstrafe aufgebrummt bekommen. Doch, so der Wiener Bankentratsch, die Sache könnte ein Nachspiel haben, auch von der heimischen Justiz drohe den Kartellsündern Ungemach. Die Herren im Nadelstreif waren entsprechend nervös. Die pflichtschuldig befragten Pressesprecher von Bank Austria, Raiffeisen, Erste Bank & Co. wussten freilich von nichts. Fehlanzeige, da sei nichts dran, so ein Blödsinn, so ihre Kommentare. Ganz anders in der BAWAG, wo der Generaldirektor höchstpersönlich die heikle Anfrage beantwortete. Ja, er habe vom Landesgericht für Strafsachen eine Ladung als Beschuldigter bekommen, so Elsner. Die zuständige Richterin hatte die Ladungen korrekterweise an die Privatadressen der Lombard-Sünder geschickt. Während die Briefträger bei den Herren Randa, Rothensteiner & Treichl zunächst vergeblich läuteten, weil diese bereits ihre Domizile Richtung Büro verlassen hatten, konnte das brisante Schriftstück Elsner, der ja auf dem Dach der Bank logierte, prompt zugestellt werden. Nach längerem Zureden rückte der BAWAG-Chef, der sich auch in der Lombard-Causa keiner Schuld bewusst war und wild auf die Justiz schimpfte, sogar eine Kopie der Ladung in der »Strafsache gegen Andreas Treichl u. a.« heraus. Das Faksimile zierte tags darauf die Wochenendausgabe der »Presse« – dem Penthouse sei Dank.

*

Finanzkrisen im Osten dürften eigentlich für uns Österreicher nichts Neues sein. Bereits in den Siebziger- und Achtzigerjahren hat sich Österreich einen Teil seines Wohlstandes durch Kredite an den Osten erkauft – gewechselt haben nur die Schuldner. Heute sind es Unternehmer im Osten, damals waren es die offiziellen kommunistischen Regimes. Anfang 1992 ließ Österreichs größter Ost-Schuldner, Russland, die Finanzwelt mit der Mitteilung aufhorchen, dass man keine Devisen mehr habe, um die Westschulden zu bedienen. Eine Nachricht, die der »Kurier«-Mann Christian Lenhardt Helmut Haschek vorhielt. Der Chef der Kontrollbank war stets für einen »Sager« gut, neigte aber nie zur Panik. Auf die Frage, wie er sich denn angesichts der Meldungen aus Russland fühle, meinte er trocken: »Wissen Sie, wie sich jemand auf Höhe des 17. Stocks fühlt, wenn er im 50. Stock abgesprungen ist?«

Lenhardt wusste, dass ihm mit diesem Spruch die Haupt-Schlagzeile am Titelblatt des »Kurier« sicher war. Trotzdem kam sie nie in die Kolportage. Denn wenige Minuten vor dem »Andruck« gab der damalige ÖVP-Obmann Busek seinen Kandidaten für die Bundespräsidentenwahl 1992 bekannt: Thomas Klestil. Und das wog doch schwerer als die uneinbringlichen Ostschulden.

*

Als Bernhard Görg Wiener ÖVP-Stadtparteiobmann wurde, gab ihm der dienstälteste Bezirksvorsteher, Adi Tiller aus Döbling, einen guten Rat: »Bernhard, gib der ›Die Presse‹ nie ein Interview. Ich habe das mit der ›Arbeiter-Zeitung‹ auch so gemacht. Und was war? Eing'angen is ...«

*

Anfang 1992 startete der heute stark in Diskussion stehende Finanzberater AWD seine Geschäfte in Österreich, was Christian Lenhardt im »Kurier« exklusiv verkünden durfte. Im Sommer darauf hatte er dann die Chance, mit AWD-Gründer Carsten F. Maschmeyer als erster österreichischer Journalist ein großes Interview zu führen. Ihm gegenüber ein blonder Endzwanziger mit festem Blick, der seinem Ruf als genialer Verkäufer – auch von Botschaften über die Medien – voll gerecht wurde. Alle Antworten kamen rasch und präzise – auch auf die Frage, womit er – der vielfache Millionär – seine Frau, etwa zu Weihnachten, noch überraschen könnte. Maschmeyer: »Kaum mit Schmuck, aber sehr wahrscheinlich mit einem selbst gebastelten Geschenk.«

*

Bei einem Rundgang durch die Redaktion der Grazer »Kleinen Zeitung« stieß Styria-Chef Horst Pirker auf einen Redakteur, der für seinen außerordentlich hohen Arbeitseinsatz bekannt war und oft mehr als zwölf Stunden täglich in der Redaktion verbrachte. In Erwartung eines besonderen Lobes trat der Redakteur dem Verlagsboss entgegen. Doch Pirker hatte keine Anerkennung parat, sondern beschied den fleißigen Mitarbeiter mit folgenden Worten: »Ihnen dürfte ich eigentlich gar kein Gehalt zahlen. Von Ihnen müsste ich Miete verlangen!«

◇

Die Redaktion des »Standard« befand sich in der Herrengasse 1/Ecke Kohlmarkt. Drei Häuserblöcke davon entfernt: das Bundeskanzleramt. Ein Kollege, dem sein Spesenrittertum aus unerfindlichen Gründen immer wieder nachgesehen wurde, fuhr eines Tages mit dem Taxi von der Redaktion ins Kanzleramt, ließ es für die Zeit des Pressefoyers unten warten und fuhr dann damit nach geraumer (bezahlter) Wartezeit wieder die paar Meter durch die Schauflergasse in die Redaktion zurück. Die Rechnung wurde bezahlt. Es gab keine Konsequenzen.

*

In den späten Sechzigerjahren lernte der Salzburger Journalist Willi Sauberer bei einer Wiener Ausstellung den Maler Lucas Suppin (1911–1998) kennen. Der Salzburger genoss einst als »Zugereister« das Privileg, in der berühmten Malerkolonie St. Paul de Vence in Südfrankreich akzeptiert zu werden und in den Freundeskreis Pablo Picassos Eingang zu finden. 1985 wurde er Ritter der französischen Ehrenlegion. Sauberer: »Meine zweite Begegnung mit Suppin verdanke ich einer schroffen Kritik des SVZ-Kulturredakteurs Dr. Anton Gugg über eine Ausstellung in Salzburg. Lucas Suppin stürzte in mein Zimmer und warf mir ein Plakat vor die Füße, dessen Rückseite er sechsmal mit einem Zitat des französischen Schriftstellers Louis Aragon beschrieben hatte: ›Man sollte den Kunstkritiker, der uns langweilt, durch den Graphologen ersetzen.‹ Mit einer Wachskreiden-Umrahmung, karnevalesken Punkten und prächtig verzierten Initialen schmückt die Frucht seines Zorns, korrekt signiert, heute mein Arbeitszimmer.«

◇

Bemühen wir nochmals Willi Sauberer, der lange Jahre Chefredakteur des »Salzburger Volksblattes« war: »Der Hörfunk ist für den Zeitungsschreiber eine wichtige Informationsquelle. Das Fernsehen selten. Freunde staunten oft, dass ich nie die ›Zeit im

Bild‹ angesehen habe. Ich antwortete: ›Was du um halb acht siehst, habe ich um fünf bereits kommentiert.‹«

◇

Reporter – sie sind das Salz der Zunft, der Motor jeder Redaktion. Siegfried Huber, genannt »hubsi«, ein Besessener des Sports, war zu seiner Zeit wohl der bestinformierte Sportredakteur Österreichs. Wenn sich Sauberer wieder einmal über eine Exklusivmeldung wunderte und nach der Quelle fragte, meinte er nur: »Es ist besser, Chef, wenn Sie das nicht wissen.« Nach dem Terroranschlag bei den Olympischen Spielen in München 1972 wurden die Presseleute auf 100 Meter entfernte Plattformen verbannt und mit hervorragenden Ferngläsern ausgestattet. Und was sahen die Kollegen, als sie den medaillenverdächtigen Salzburger Niki Stajkovic beim Turmspringen beobachteten? »hubsi« am Beckenrand.

Der Tommy

*Choleriker und begnadeter Blattmacher:
Thomas Chorherr*

Schon 1955 trat ein hoffnungsvoller Jusstudent in die Redaktion ein und machte zunächst als Lokalreporter Furore. Er durfte von der Eröffnung des restaurierten Burgtheaters und der wiedererstandenen Staatsoper berichten. Und er tat dies mit derartiger Inbrunst, dass er für die Aufzählung der Namen in den Logen mehrere Spalten benötigte. Dafür freuten sich anderntags die Erwähnten, denn »t. c.« hatte auch sämtliche akademischen Titel und Würden recherchiert.

◇

Chorherr als Bettler. Seine berühmteste Reportage lieferte Thomas Chorherr in den Sechzigerjahren. Von Lambert Hofer kostümiert und vom Fernsehen geschminkt, agierte er einen Tag lang als Bettler in Wien. In der Kärntner Straße saß er, vor sich einen zerknautschten Hut – ein Bild des Jammers. Zu allem Unglück kam seine ahnungslose Ehefrau vorbei. Er zupfte sie am Ärmel, worauf sie sich erbost entfernte. »Ich hab damals gar nicht schlecht verdient«, erinnert er sich. »Wahrscheinlich, weil ich derart glaubwürdig wirkte.« Das Fernsehen filmte mit. Nach Ausstrahlung der Sendung schrieb eine spanische Zeitung, die Landsleute sollten mit den Verhältnissen im eigenen Lande zufrieden sein, denn: »In Österreich müssen sogar schon Journalisten betteln gehen.«

◇

Eine Journalistenreise während des Ost-West-Konflikts nach Peking. Thomas Chorherr, Eberhard Strohal und noch einige österreichische Journalisten. Man wartete im Hotel auf den Lift, der ließ sich Zeit. Hinten im Gang saß eine sehr hübsche Aufpasserin, und die Herren aus Wien ließen – natürlich auf Deutsch – die üblichen zotigen Bemerkungen über die schöne Maid fallen: »Na, von der Bettkanten …« usw. Plötzlich näherte sich die Stockwerks-Madame und sagte in akzentfreiem Deutsch: »Wollen die Herren noch länger warten? Der Lift ist da.« Mit hochroten Köpfen begab sich die Journaille in den Aufzug.

◇

Thomas Chorherr glaubte immer (?) an das Gute. »Verwanzte« Hotelzimmer in Moskau während des Kalten Krieges? Bei Journalisten? Wohl kaum! Seine Frau tastete in der Dusche nach einer Seife – vergebens. »Nicht einmal eine Seife gibt's in dem blöden Hotel«, schimpfte sie laut. Drei Minuten später läutete es an der Tür. Ein Zimmermädchen brachte eine Seife …

◇

Chorherrs Privatauto war in den Siebzigerjahren ein eleganter Simca. Eines Tages nahm er einen seiner jungen Untergebenen mit zu irgendeinem Parteikongress in der Wiener Hofburg. Beim Eingang suchte man nach Parkmöglichkeiten. Ein Polizist näherte sich und forderte den Lenker barsch auf: »Lassen S' den Herrn schnell aussteigen und dann suachen Sie sich da hint' irgendwo an Parkplatz.« Der berühmte Chorherr, devot: »Jawohl, Herr Inspektor.« Und er gluckste noch lange danach.

◇

»Bildtexte müssen so abgefasst sein, dass der Leser sofort erkennt, wer links, wer in der Mitte, wer rechts zu sehen ist.« Ein Diktum, das Chorherr in der langen Zeit seiner »Herrschaft« unermüdlich predigte. Selbst bei einem Foto vom britischen

Königspaar bestand »t. c.« darauf, dass darunter »Elizabeth II. und Prinz Philip (re.)« stehen musste. Kopfschütteln in der Redaktion. Dass der Herr nicht die Queen sein konnte, war doch eigentlich klar. Die Rache folgte auf dem Fuße. Als der Wirtschaftsminister im Naturhistorischen Museum neben einem Saurierskelett eine Rede hielt, lautete der Bildtext »… betonte Minister Schüssel (li.)«.

◇

Ähnlich verfuhr eine bayrische Lokalzeitung, die ein Hühnchen mit dem damaligen Ministerpräsidenten Edmund Stoiber zu rupfen hatte. Der machte einen Besuch auf einem Bauernhof und lud dazu auch die lokale Presse ein. Im Schweinestall wurde ein Foto gemacht. Stoiber, gewitzigt: »Dass ihr mir aber nicht so dummes Zeug unter das Bild schreibt, wie: ›Stoiber und die Schweine‹. Oder so.« – »Nein, nein, schon klar!« – Am nächsten Tag stand unter dem Bild in der Zeitung: ».. Stoiber (3. v. l.).« Und auch das Boulevardblatt »Österreich« leistete sich (unabsichtlich) den Scherz. Am Tag nach dem Life Ball 2008 rückte man ein Bild ins Blatt, das einen Affen zeigte, küssend mit einer Schlagersängerin. Bildtext: »… Jazz-Gitti (re.)«

◇

In Chorherrs langer Amtszeit als Chefredakteur geisterte ein Autorenname durch den Sportteil, der Rätsel aufgab. Über den Fußball auf der britischen Insel berichtete stets ein Reporter namens »Stone«. Chefsekretärin Christa Krcal erkundigte sich bei Redakteur Wolfgang Wiederstein, wer denn der Geheimnisvolle sei. – »Kennen S' net den Michael Stone?« Doch, den kannte Frau Krcal. Monate später rief ein Kulturjournalist aus London an und bedankte sich für üppig überwiesene Honorare. Nur: »Ich habe doch seit zehn Jahren nichts mehr für Ihr Blatt geschickt.« Wiederstein hatte ein Pseudonym verwendet, ohne zu ahnen, dass das Phantom noch immer auf der Gehaltsliste der

»Presse« stand. Er entging einem scharfen Verweis des Chefredakteurs nur mit knapper Not. Dann starb der »echte« Stone. Den falschen gibt's noch heute. Ab und zu.

*

Pia Maria, Chorherrs Stellvertreterin, war eine engagierte Katholikin. Lange Zeit gehörte sie dem »Päpstlichen Rat für die Laien« in Rom an, war also eine der ranghöchsten Frauen in der kirchlichen Hierarchie. Als Leiterin einer Arbeitsgruppe sollte sie einmal vor einer großen Zuhörerschaft im Vatikan dem Papst die Beratungsergebnisse vortragen. Sie begann auf Französisch, das sie blendend beherrschte. Doch Johannes Paul II. unterbrach sie freundlich: Auf Französisch verstünden nicht alle Bischöfe die komplizierten Zusammenhänge. Pia schaltete blitzschnell um und setzte ihren Vortrag – aus dem Stegreif – in Latein fort.

Zu Recht hat ihr Heimatbezirk Hietzing der großen Journalistin und Buchautorin nach ihrem Tod einen Weg gewidmet – ganz oben auf der Höhe im Grünen. Dem Himmel näher.

◇

Die »Pia« konnte aber auch lachen. Und erzählte gern die uralte Geschichte vom Erzbischof von Canterbury. Der wurde beim Abflug nach New York nachdrücklich vor der Skrupellosigkeit der US-Presse gewarnt. Kaum hatte der britische Würdenträger amerikanischen Boden betreten, wollte ein Reporter auch schon wissen: »Werden Sie in New York Nachtlokale besuchen?« Eingedenk der erhaltenen Mahnung antwortete der Erzbischof mit gespieltem Erstaunen: »Gibt es in New York Nachtlokale?« Am nächsten Morgen las er die Schlagzeile: »Erste Frage des Erzbischofs von Canterbury: ›Gibt es in New York Nachtlokale?‹«

◇

Die Zirkuspferde. So werden die altgedienten Kollegen genannt, die (fast) auf jedem Gebiet eingesetzt werden können, wenn der Hut brennt. Pia Maria lieferte 1995 ein Glanzstück ab. Die Feuilletonistin schrieb eine 50-teilige Serie, wie sie als 11-jährige Hietzinger Schülerin das Jahr 1945 erlebte. Jeden Freitag lieferte sie in der Chronik-Redaktion ihr Manuskript für das Montagblatt ab, dazu genau »eingerichtete« Fotos. Pünktlich, akkurat, fehlerfrei. Kurz vor Weihnachten legte sie den letzten Teil ihrer Serie auf den Tisch der jungen Kollegen: »Das ist jetzt der Schluss.« Zwei Wochen später war sie tot.

*

Auch Kurt Vorhofer zählte zu dieser Spezies. Er musste in die Pension gedrängt werden. Am Tag vor seinem plötzlichen Herztod hielt er in Graz bei einer CV-Verbindung einen Vortrag und sagte dabei: »Die Freuden der Jugend habe ich nie genießen können, und von den Freuden des Alters reicht mir schon der Vorgeschmack. Im Übrigen ist das Leben ohnehin zu Ende, wenn man in Pension gehen muss.« Bei Vorhofer, dem unruhigen und neugierigen Journalisten, traf's buchstäblich zu.

Gestrichelte Leitartikel

»Ironimus« – ein Unikum im heimischen Blätterwald

In Gustav Peichl besitzt »Die Presse« einen Mitarbeiter, der seit dem Jahr 1954 ununterbrochen für sie tätig ist. Als »Ironimus« liefert er fast täglich um zehn Uhr seine Zeichnung ab. 6000 Blätter sind das bis dato. Kurt Scholz urteilte über dieses Ausnahmetalent: »Nirgendwo drängt sich die Karikatur mehr auf als in Wien. Nirgendwo treibt die Parteienlandschaft seltsamere Blüten, nirgendwo sind die Begebenheiten im Kulturleben skurriler, nirgendwo ist die Fülle kurioser Persönlichkeiten praller. ›Wo habt ihr dessengleichen schon gesehen‹, dichtet Grillparzer. Es könnte auf Gustav Peichl gemünzt sein. Ein Mensch mit seiner Beobachtungsgabe und seinem gottgegebenen Talent müsste eigentlich 24 Stunden am Tag zeichnen. Was bleibt ihm anderes übrig, in diesem Land der großen Ideen und der begrabenen Hoffnungen, der vielen Klein- und Kleinst- und der wenigen Weltbürger, des fröhlichen Pessimismus und der Kaiser ohne Kleider, als die Karikatur? Es ist kein Zufall, dass alle großen österreichischen Romane des letzten Jahrhunderts – von Robert Musil bis Thomas Bernhard – karikaturistische Züge tragen. Difficile est satiram non scribere – difficile est caricaturam non pingere.«

◇

Und so war bisher noch jeder Bundeskanzler stolz, für den Zeichner »Ironimus« eine Zielscheibe abzugeben. Julius Raab hatte stets einige aus der »Presse« ausgeschnittene Karikaturen unter der Glasplatte seines Besprechungstisches im Kanzleramt.

Aus Anlass der 10 000. Ausgabe der »Presse« durfte »Ironimus« einmal die eigene Zeitung bejubeln.

Dem Zeichner sagte er, das seien ihm »die liebsten Büldl'n«. Auf einem Blatt unterschrieb er sich und fügte hinzu: »Humor ist Labung in der Hitze des Gefechtes.«

◇

Helmut Kohl, der große deutsche Staatsmann, fastete alle Jahre wieder zu Ostern in Hofgastein. Mit Gustav Peichl. Zwei Tage vor dem Ende der Kur raunzte Kohl über den Frühstückstisch hinweg: »Ihr Karikaturisten seid unaktuell. Immer zeichnet ihr mich als fettleibigen Kanzler. In der Zwischenzeit hab ich zwölf Kilogramm abgenommen. Ich ersuche um Kenntnisnahme und schlankere Darstellung.«

Hertha Firnberg war eine resolute Frau. Sie genoss den Respekt, den alle vor ihr hatten – vor allem die eigenen Genossen.

◇

Ein beliebtes Opfer von »Ironimus« war Ministerin Hertha Firnberg. Er zeichnete sie stets mit stark faltigem Gesicht. Bei einem Empfang im Kanzleramt stürzte sich die Dame empört auf den Zeichner: »Sie sind schuld! Gestern haben in Graz die Studenten gerufen: ›Das Faltengebirge kommt!‹«

◇

Eine gewisse Ähnlichkeit zwischen Fred Sinowatz und Gustav Peichl war nicht zu übersehen. So gaben sie in den Siebzigerjahren glatt falsche Autogramme. Sinowatz malte brav »Ironimus«, und der unterschrieb mit »Sinowatz«.

◇

Über Bruno Kreisky meinte Peichl: »Wenn die politische Karikatur noch nicht erfunden wäre, für Kreisky müsste man sie erfinden.« Der revanchierte sich wenig später mit dem Aphorismus: »Über Karikaturen kann man sich entweder ärgern oder freuen. Da beides an der Sache nichts ändert, freue ich mich darüber.« Und das tat er selbst dann, wenn ihm der Inhalt der Zeichnung gegen den Strich ging. So rief er einmal den Künstler an und meinte: »Lieber Herr Professor, die heutige Zeichnung – wunderschön, meine Locken, meine Brille, meine Augen, so gelungen, und die Zeichnung ist so humorvoll. Aber: Völlig falsch! Ja?!«

◇

Gustav Peichl ist natürlich Professor. Einer, der wirklich lehrte und sogar Rektor der Akademie der bildenden Künste war. Auch viele seiner journalistischen Freunde sind Professoren. Aber gelehrt oder geforscht haben sie nie. Das nennt man dann im Amtsdeutsch »Berufstitel«. Hübsch auf der Visitkarte und auf dem Grabstein. Die Palette dieser Professoren reicht von Heinz Conrads bis Udo Jürgens, von Fritz Eckhardt bis Karl Moik. Einzige Bedingung: Der zu Ehrende muss das 50. Lebensjahr erreicht haben.

Radiomoderator Kurt Votava hätte das einmal fast den Job gekostet. In der äußerst populären Radiosendung »Autofahrer unterwegs« hatte er Werbung für eine Sondersendung zu machen. Und dabei wurde er keck. Das hörte sich dann via Äther so an: »Für morgen, Sonntag, bittet Radio Wien zu einem Benefizabend mit Professor Rosemarie Isopp, Professor Heinz Conrads, den Professoren Gustav Zelibor und Norbert Pawlicki, sowie den Professoren Karl Grell und Franz Bauer-Theussl. Die Karten dafür bekommen Sie beim Empfangsbeamten des Funkhauses – der ist sicher auch schon Professor.«

Die Hofburg brennt

Auslandsreisen und andere Misshelligkeiten

Wie läuft das eigentlich in der hohen Politik? Eigentlich so, wie sich's der »kleine Maxi« vorstellt. Was reden Politiker, wenn ihnen keine Journalisten zuhören? Claus Reitan wurde – ohne Absicht – Zeuge eines solchen Gesprächs.

Brüssel, Februar 1994. Der damalige Wirtschaftsminister Schüssel machte Pause in den Verhandlungen über Österreichs EU-Beitritt. Eine kurze Verschnaufpause beim finnischen Ressortkollegen war angebracht. Reitan durfte mitkommen. In der Sicherheitsschleuse zur Botschaft Finnlands entfernte er die Akkreditierung als Journalist und Schüssel stellte ihn seinem Kollegen als »Personal Advisor« vor. Das locker begonnene Gespräch stockte, als Finnlands Wirtschaftsminister Schüssel fragte: »And, well, Wolfgang, what do you tell all the journalists during the negotations, also mostly blabla?« Was blieb unserem Minister übrig? Er bestritt das natürlich energisch.

*

Die österreichischen Journalisten gelten in der europäischen Szene eher als liebenswürdige Plaudertaschen. So schilderte Bachers früherer Bürochef Gerhard Vogl, was dem Brüsseler ORF-Korrespondenten Günter Schmidt passierte. Der war gewohnt, dass »Hintergrundgespräche« nicht ausgeplaudert werden durften, sondern nur als Quelle für weitere Recherchen dienten. Dann kam er nach Wien, und Bundeskanzler Viktor Klima lud zu einem Gespräch »off the Record«. Schmidt hatte folglich auf ein Kamerateam verzichtet. Blankes Erstaunen bei Josef Kalina, dem umtriebigen Pressesprecher des Kanzlers: »Ja, wo is' denn die Kamera!?« Schmidt berief sich aufs Hintergrundgespräch. Darauf Kalina: »So a Bledsinn, natürlich kennt's des senden!«

◇

Daniela Kittner, die im »Kurier« eine Spalte mit Tradition füllt, für die vor ihr schon so bekannte Namen wie Helga Rabl-Stadler verantwortlich waren, meint dazu offen: »Es gibt Geschichten, die man nur erfährt, wenn man nicht darüber schreibt.« Gleichzeitig relativiert sie die Bedeutung von »Off-the-Record«-Informationen: »Die großen Geheimnisse gibt es nicht. Ich glaube, dass alles in der Zeitung steht.« Jetzt sicher. In den Siebzigerjahren hätte keine Zeitung über die allseits bekannte Freundschaft zwischen Bruno Kreisky und Senta Wengraf berichtet. Und auch Thomas Klestils außereheliches Verhältnis blieb tabu, bis der Bundespräsident die Sache selbst zu einem Wochenmagazin trug.

*

Auch die Elektronik hat ihre Tücken. Was einmal per Spaß in die Tasten geklopft wurde, kann leicht übersehen werden – und erscheint dann in großer Auflage gedruckt. So gestaltete man im Magazin »News« während der kurzen Regierungszeit Viktor Klimas eine Interview-Seite mit Fragen und Antworten, in die der Redakteur nur noch den Text einzufügen hatte. Leider übersah er, dass statt des Kanzlernamens »Blindtext« eingefüllt war, den er zu löschen vergaß. Im Text wechselten einander daher ständig die Worte ab: »News« / »Wappler« / »News« / »Wappler« … Aber Viktor Klima musste ohnedies bald das Feld räumen.

◇

Zuvor allerdings hatte er noch die österreichische Präsidentschaft in der EU zu überstehen. Das war kein Honiglecken. Klima schien die Rolle als EU-Chef nicht ganz bequem zu sitzen.

Er ließ sich jedes Detail der Treffen von seinen Mitarbeitern im vornherein aufschreiben, war hypernervös. Mit Spickzettel bewaffnet ging er auch den großen EU-Gipfel in Wien an. Der angereiste deutsche Amtskollege Gerhard Schröder bemerkte sofort die Unlockerheit seines Gastgebers. Als Klima in der Hofburg am großen Konferenztisch Platz nahm und nervös seine Zettel ordnete, rief ihm Schröder von schräg gegenüber aufmunternd zu: »Hey Viktor, mach dir nicht ins Hemd. Ist auch nichts anderes als ne Juso-Tagung.«

*

Zwischen Niederösterreich und Südmähren entwickelten sich noch in der kommunistischen Ära bilaterale Beziehungen diverser Art, die gar nicht schlecht funktionierten und vor allem die »Eiserne Grenze« etwas durchlässiger machten. Just zu dem Zeitpunkt, als das KP-Regime ein Ende fand – um den 20. November 1989 –, hatte der Landeshauptmann Niederösterreichs Ludwig einen Arbeitsbesuch in der südmährischen Hauptstadt Brünn angesetzt und dazu auch Journalisten mitgenommen. Obwohl sich der Umbruch schon seit Tagen abgezeichnet hatte, beharrte Ludwig auf der Visite. Die geplanten Gespräche fielen freilich dem Zusammenbruch des Regimes zum Opfer, die Gäste aus Niederösterreich fuhren unverrichteter Dinge heim, allerdings im Bewusstsein der Befreiung des Nachbarn vom KP-Joch. Vorher wurde noch in einem grenznahen Lokal auf ČSSR-Seite gespeist. Ein mitreisender Journalist vergaß hier seinen (ziemlich teuren) Pelzmantel, merkte dies aber erst, als er daheim aus dem Auto stieg. Umgehend fuhr er zurück – das teure Stück hing noch friedlich und gut sichtbar im Lokal auf seinem Platz. »Jetzt glaub ich, dass die Revolution geglückt ist«, entfuhr es dem überraschten, gleichzeitig überglücklichen Pressemann, der seinen geliebten Pelz innerlich bereits abgeschrieben hatte.

◇

Im Kontext zu diesem Vorkommnis steht eine andere Begebenheit, die tiefer hinter die Kulissen der KP-Herrschaft blicken lässt. Bei einem früheren Staatsbesuch in Brünn nächtigten die Gäste samt Journalistendelegation im noblen kommunistischen Gästehaus, einer im Übrigen von den Nazis arisierten Villa, die von den neuen Herren naht- und selbstverständlich entschädigungslos übernommen wurde. Den Gästen fiel auf, dass alle mobilen Wertgegenstände wie etwa Teppiche, Bettvorleger, Bilder, Stehlampen etc. angenagelt oder jedenfalls unlösbar festgemacht waren. Als am nächsten Morgen ein Journalist nach dem Grund dieser ungewöhnlichen Fixierung fragte, antwortete der Hausverwalter verblüffend offen: »Hier nächtigen vorwiegend Parteifunktionäre aus der Provinz …«

◇

1970, tiefster Kalter Krieg. Es gab aber auch schon damals zu kommunistischen Stellen jenseits des Eisernen Vorhangs Kontakte. So anlässlich der Internationalen Feuerwehrwettkämpfe in Wiener Neustadt mit ungarischer Beteiligung. Freilich ließ man selbst eine Feuerwehr nicht alleine ausreisen, sie wurde von einem hochrangigen KP-Funktionär samt geeichter journalistischer Unterstützung begleitet. Nach einem offiziellen Pressegespräch wurde der ungarische KP-Begleiter von österreichischen Journalisten zu einer Art Privatissimum eingeladen, was dieser – überraschend – bereitwillig annahm. Dabei hielten ihm die österreichischen Presseleute bekannte Untaten im damaligen Ostblock vor: Niederschlagung des Ungarn- und des ČSSR-Aufstandes, Flüchtlingsdramen am Eisernen Vorhang, keine Meinungs- und Pressefreiheit, Verfolgung Andersdenkender etc. Der ungarische Gesprächspartner hatte es plötzlich eilig. Nur eines sagte er zum Schluss: »Aber glauben Sie mir, ich bin ein guter Kommunist.« Was immer man darunter verstehen sollte, blieb offen.

*

Am 27. November 1993 besuchte ein ausländischer Diplomat den Pressesprecher von Bundespräsident Klestil, Heinz Nußbaumer. Die Herren schmauchten teure Zigarren, die der Gast offeriert hatte. Plötzlich läutete das Telefon – rasch, rasch zum Auto hinunter, der Chef wartete schon, und ab ins Flugzeug nach Brüssel! In der Früh des 28. November rief der Wiener Polizeipräsident an, man möge Klestil sofort wecken: Die Hofburg stehe in hellen Flammen! Wie ein Blitz durchzuckte es den Pressesprecher: Die Hofburg, die Zigarre! Er hatte das sündteure Stück rasch ausgedämpft und in der Schreibtischlade verstaut. Unter Höllenqualen weckte Nußbaumer die ganze österreichische Delegation, und ließ sich dann tagsüber heimlich immer wieder mit Wien verbinden: Wusste man schon, wo der Brand seinen Ausgang genommen hatte? In der Präsidentschaftskanzlei womöglich? Erst am Abend endete Nußbaumers vorgezogenes Fegefeuer: Es war ein Kabelbrand am Dachboden gewesen.

*

Die Siebzigerjahre galten im Jugoslawien des Marschall Tito Broz als goldenes Zeitalter. Die größte Errungenschaft war für die Bevölkerung das Weißbrot. Gustav Chalupa, gebürtiger Budweiser und langjähriger ORF-Korrespondent in Belgrad, deckte sich bei jedem Besuch in Österreich mit Schwarzbrot ein. An der Grenze zum Teilstaat Montenegro »filzte« ihn ein Polizist. Als er den Laib Schwarzbrot im Auto erblickte, packte ihn Mitleid: »Müssen Sie aber arm sein …«

◇

Der prachtliebende Tito liebte Wiener Walzer. Einmal durften ausländische Korrespondenten dabei sein, als der DDR-»Staatsratsvorsitzende« Walter Ulbricht Staatsbesuch in Belgrad machte. Für Tito eine kommunistische Pflichtübung, denn er verachtete Ulbricht. Der DDR-Mann bat zu Walzerklängen Titos hübsche Frau Jovanka auf die Tanzfläche, also musste der Gastgeber nolens volens Frau Ulbricht auffordern. Keine sehr attraktive Frau. Nach drei Drehungen stellte der Marschall die DDR-Schreckschraube wieder zurück.

*

Wenn das mächtige kommunistische China österreichische Zeitungen einlädt, dann ist das natürlich Chefsache. Also begaben sich die Herren Otto Schulmeister, Hugo Portisch, Hans Dichand, Karl-Heinz Ritschel, Hermann Polz und Fritz Csoklich auf Besuch zu Maos Stellvertreter Tschou En-lai. Der Dolmetscher stellte die Herren vor: »Mistel Schulmeistel, ›Die Plesse‹, Wien«, usw. Am Schluss: »Mistel Csoklich, ›Kleine Zeitung‹, Glaz.« Darauf der mächtige Staatsmann Tschou gütig zu Csoklich: »Machen Sie sich nichts draus. Auch wir haben einmal klein angefangen …«

◇

Im März 1977 stattete Bundespräsident Rudolf Kirchschläger Finnland einen Staatsbesuch ab. Die begleitenden Journalisten wurden darauf aufmerksam gemacht, dass Frack oder Smoking einzupacken seien. Gerhard Steininger von den »Salzburger Nachrichten« wollte auf Nummer sicher gehen und rief beim Protokoll an: »Genügt Smoking wirklich?« Die Antwort lautete »Ja!«, der Journalist war erleichtert. Der Smoking hing nämlich daheim im Kasten – um einen Frack hätte er zu Lambert Hofer gehen müssen. Am Abend des Banketts trudelten die Journalisten in der Halle ihres Hotels in Helsinki zur Abfahrt ein. Alle prunkten mit Frack, nur Steininger stand im Smoking da. Der »Presse«-Außenpolitiker Ludwig Marton, der aussah, als wäre er schon im Frack zur Welt gekommen, schaute Steininger an und bemerkte: »Ah, guten Abend, Herr Kollege. Ärmlich, aber sauber!«

◇

Im journalistischen Vorprogramm des Staatsbesuchs boten die Gastgeber den Journalisten an, in der Nähe des Polarkreises den Rentierschlitten-Führerschein zu machen. Man setzte den Kandidaten in den Schlitten, das brave Tier ging entlang einer gezogenen Spur los, erreichte nach etwa einem halben Kilometer in einem Waldstück die durch einen Ast markierte Umkehrstelle und brachte den Kandidaten zurück. Das klappte bei allen. APA-Chefredakteur Otto Schönherr allerdings kam nicht zurück. Nach einer Viertelstunde wurden die Gastgeber nervös, und nach 20 Minuten brachen die österreichischen Journalisten auf, um ihren in der weißen Hölle verschollenen Kollegen zu retten. Nach etwa einem Kilometer trafen sie auf folgende Szenerie: ein Rentier, das an einem bemoosten Bäumchen knabberte, und ein Schlitten, in dem Schönherr saß und, eine Landkarte in Händen, mit kühnem Polarforscherblick den Horizont absuchte.

◇

11. Juli 1995: Ein glanzvoller Staatsbesuch des spanischen Königs Juan Carlos mit Königin Sofia in Österreich bei Bundespräsident Thomas Klestil ging zu Ende. Alles hatte bestens funktioniert.

Am letzten Tag war jedoch noch ein Besuch im frisch renovierten Stift Melk vorgesehen – und Niederösterreichs Landesfürst Erwin Pröll hatte ein Schiff gemietet, um die riesige spanische Gästeschar – samt tout Vienne – nach Dürnstein zu bringen. Mit der Exekutive war alles abgesprochen, insbesondere auch die Betreuung von 20 TV-Teams und über hundert Journalisten. Ging es doch darum, den »Goldenen Schnappschuss« zu ermöglichen, der das Königspaar, Bundespräsident und Landeshauptmann an der Schiffsreling vor der großartigen Silhouette von Dürnstein zeigen würde. Daher war von der Präsidentschaftskanzlei zusätzlich ein zweites, kleineres Schiff gechartert worden, das von der Flussmitte aus das gewünschte Panorama für die Kameras möglich machen sollte. Als schließlich das Journalistenschiff seine Position richtig eingenommen hatte und das Königsschiff majestätisch heranrauschte, meldete sich eine Funkstimme beim Steuermann: »Verlassen Sie sooofort Ihre Position, hier ist die Strompolizei.« Als Pressesprecher des Bundespräsidenten übernahm Hans Magenschab das Mikro und erläuterte kurz dem Beamten den Sachverhalt. Doch dieser kannte keine Gnade: »Interessiert mi' net, weil Sie können ja auch Basken sein …« Der Wortwechsel endete mit der amtlichen Aufforderung: »Entfernen Sie sich sofort, sonst machen wir von der Schusswaffe Gebrauch!« Darauf Magenschab: »Dann schießen Sie.« Und mit diesen Worten stellte er die Funkanlage ab.

Zu diesem Zeitpunkt waren die Photographen freilich schon happy, die TV-Kameras surrten, König, Hofstaat und Gastgeber hatten ausreichend gewinkt, die »Österreich Werbung« war überglücklich. Und das Polizeiboot? Es war verschwunden.

*

Wenn die Wiener Philharmoniker auf Reisen gehen, dann gleicht das einem Staatsbesuch. Klaus Emmerich, einst Deutschland-Korrespondent für die »Presse«, dann in den USA für den ORF, erinnert sich gerne an einen dieser Auftritte.

»Zunächst ging es – zur Überwindung des Jetlag – nach Ann Arbor, einer netten Universitätsstadt bei Chicago. Verständigungsprobe: Leonard Bernstein stolpert herein. Schlechte Laune, zerrissenes T-Shirt, kurze Begrüßung, bevor er sich über Brahms hermacht. Keiner rührt sich. Dann steht die Bläsergruppe auf und schmettert das Hauptmotiv aus ›Mass‹. Plötzlich ist Bernstein ganz Bernstein. Zu Tränen gerührt. Am liebsten würde er das ganze Orchester umarmen und vollführt zum Dank seinen berühmten Luftsprung für das meisterhafte Fortissimo. Danach nach New York, und schon am Abend in die ausverkaufte Carnegie Hall. Nach dem Einzug der heftig mit Applaus gefeierten Wiener zischt eine Amerikanerin in der Reihe hinter mir: ›No woman‹. Der gefürchtete Kritiker der ›New York

Times‹ gibt sich in seinem Blatt dieses Mal gnädiger. In nachfolgenden Jahren gibt es in der Frauenfrage auf der Straße gar Demonstratiönchen.«

◇

Die Vorstellung der Lipizzaner in Washington im Park des Weißen Hauses war von A bis Z ungewöhnlich. Um den Erfolg gebührend abzulichten, wurde es dem ORF-Korrespondenten Emmerich ermöglicht, die radikalen Beschränkungen der Aufpasser im Weißen Haus zu umgehen. »Wir konnten uns im Oval Office frei bewegen – ein Privileg. Wir durften dem Präsidenten die Hand schütteln – noch ein Privileg. So galt es zu filmen, was das Zeug hielt. Noch eines: Es war faszinierend, auch aus der Nähe zu beobachten, dass Reagan und Sallinger, diese beiden Profis, sich hervorragend und kameratauglich länger – notabene ohne Dolmetscher – ›unterhielten‹, obwohl keiner die Sprache des anderen konnte.«

*

Alois Mock absolvierte als ÖVP-Obmann bei US-Präsident Ronald Reagan in Washington einen groß inszenierten Antrittsbesuch. Auf dem Programm stand auch die Besichtigung der berühmtesten Redaktion der Welt, der »Washington Post«. Stichworte Woodward, Bernstein und Watergate. Mit einem Autobus ging es aus dem Zentrum von Washington D. C. immer weiter hinaus in die Niederungen des Potomac. Und bald standen die Damen und Herren vor einem respektablen Redaktionsgebäude: »Washington Times«. Es handelte sich um eine 1982 begründete Zeitung, die der Sekte des Koreaners Sun Myung Moon gehörte. Anderntags musste die Delegation zu allem Überdruss auch noch einen hymnischen Bericht über Mock und seine sympathischen »Fellow Travellers« lesen.

◇

Innenminister Franz Löschnak nahm 1991 zu seinem Besuch des russischen Amtskollegen Bakatin neben einer Beamtendelegation auch drei Journalisten mit: Hermine Schreiberhuber von der APA, Heinz Fahnler (»Wiener Zeitung«) und Paul Vécsei (»Standard«). Sie waren gut vorbereitet, was die Rituale der Trinksprüche und des Wodkakonsums betraf. Aber niemand wusste, dass die fröhlichen Russen die Österreicher zu einem Sängerwettstreit herausfordern würden. Sie schmetterten ein Lied nach dem anderen von ihrer Seite des Tisches herüber. Die heimische Beamtendelegation war buchstäblich »schmähstad«. Die peinliche Situation retteten schließlich allein die Journalisten mir drei mutigen Soloauftritten: Heinz sang »Mei Muatterl war a Weanerin«, Hermine »Heut kommen die Engerln auf Urlaub nach Wean« und Vécsei beendete das »Kinderfreundelied« mit einem Übergang zum auch in der UdSSR musikalisch vertrauten »Jetzt trink ma noch a Flascherl Wein«. Der Refrain (»Hollodero«) verbrüderte dann alle.

◇

Eine Nachfolgeregelung für den Transitvertrag zwischen Österreich und der EU stand zuoberst auf der Agenda-Liste von Bundeskanzler Wolfgang Schüssel für den EU-Gipfel am 12./13. Dezember 2002 in Kopenhagen. Druck auf Österreich machten vor allem die Deutschen und die Italiener. Mit jedem der beiden Länder führte Schüssel monatelang getrennt Sondergespräche, jedes dieser politischen Schwergewichte wurde auf seine speziellen Interessen hin anders bearbeitet.

Mit Silvio Berlusconi war Schüssel schon weiter als mit Gerhard Schröder. Ein Telefongespräch am Vorabend des Gipfels sollte auch beim deutschen Kanzler das letzte Hindernis beseitigen. Schüssel kam zufrieden lächelnd in die Gesellschaft zurück, die er Punkt neun Uhr zum vereinbarten Telefontermin verlassen hatte. Er berichtete nicht mehr, als dass er Schröder auf einem Fußballplatz erreicht habe. Was Schüssel noch nicht wusste: Schröder saß an diesem Abend neben Berlusconi beim

Match Borussia Dortmund gegen AC Milan in Dortmund. Die beiden mussten sich prompt über Schüssels Taktieren ausgetauscht und gegen Österreich zusammengeredet haben, denn die zum Greifen nahe Einigung löste sich am nächsten Tag in Kopenhagen in Luft auf.

*

Tirols Täler litten im August 2005 unter dem Hochwasser. Sowohl der Landeshauptmann als auch der aus Tirol stammende Verteidigungsminister waren aber leider nicht erreichbar. Sie weilten auf Truppenbesuch in Kabul und statteten lieber Staatspräsident Hamid Karzai einen Besuch ab. Doch dann hieß es für die hohen Politiker und die Journalisten hopp, hopp! Aufstehen noch vor dem Morgengrauen in Kabul, anschließend mit einer deutschen Militärmaschine nach Termez (Usbekistan), wo schon der Businessjet aus Österreich wartete. Zwischenlandung in Wien, weiter nach Innsbruck, von dort mit Bundesheer-Hubschraubern in die Katastrophengebiete im Außerfern, in Galtür und in Pfunds. Die Tiroler Politiker konnten nun endlich persönlich Hilfe versprechen.

Und der APA-Redakteur, der eigentlich die Erlebnisse der Tiroler Reisegruppe am Hindukusch hätte festhalten sollen? Er war von seiner Redaktion gebeten worden, doch gleich mit nach Tirol zu fliegen, um in den Hochwassergebieten, die auf der Straße nicht erreichbar waren, einige Fotos zu machen. Mit Glück erwischte er in Innsbruck noch den letzten Linienflug nach Wien.

Kabul–Termez–Außerfern–Galtür–Pfunds–Innsbruck–Wien an nur einem Tag – so ist das Leben eines Agentur-Journalisten!

*

Im August 1989 reiste Thomas Mayer vom »Standard« offiziell nach Ungarn ein und begleitete schließlich im Zuge einer packenden Reportage DDR-Bürger mit Kindern auf ihrer Flucht über die »Grüne Grenze«. Das war noch vor der Paneuropa-Veranstaltung und niemand wusste damals, was wir heute über den Ausgang wissen. Jedenfalls war Mayer plötzlich in Österreich, ohne legal aus dem Ostblock ausgereist zu sein. Das hätte zu massiven Unannehmlichkeiten bei weiteren Berichten führen können. Also brachte Paul Vécsei den Kollegen nach eingehender Abwägung der Risiken zurück an die Grenze, wo er diesmal in umgekehrte Richtung nach Ungarn zurück »flüchtete«. Dann reiste Vécsei offiziell mit dem Auto ein, holte ihn ab und sie fuhren gemeinsam mit den erforderlichen Stempeln wieder nach Wien in die Redaktion.

Heikle Diplomatie

Im Bundespressedienst ist Feingefühl verlangt

Der wohl legendärste Chef des Bundespressedienstes war Sektionschef Herbert Neumayer. Er vereinte drei Berufe in einer Person: Er war nicht nur leitender Beamter im Bundeskanzleramt, sondern zugleich Journalist und Diplomat. In dieser Dreieinigkeit betreute er durch viele Jahre das Pressecorps der ausländischen Zeitungen und Rundfunkstationen in Wien. Und das alles in Zeiten des Kalten Krieges zwischen Ost und West. Neumayer wusste natürlich, dass sich zahlreiche Spione ausländischer Geheimdienste als akkreditierte Auslandskorrespondenten im Lande befanden. Da hieß es, doppelt diplomatisch sein.

◇

Da war etwa ein Beamter der Botschaft der Bundesrepublik Deutschland, der sich auf den regelmäßigen Abendempfängen, die Neumayer zu besuchen hatte, als strikter politischer Gegner der kommunistischen »Deutschen Demokratischen Republik« gerierte. Dann verschwand der Mann wieder aus Wien. In Westdeutschland wurde er wenig später als DDR-Spion verurteilt.

◇

Herbert Neumayer hatte aber auch heikle diplomatische Fälle zu lösen, die mit Journalismus wirklich nichts mehr zu tun hatten. So sollte am 4. Mai 1991 der Leichnam des einstigen Primas von Ungarn, Kardinal József Mindszenty, von Mariazell nach Esztergom überführt werden. Das Medieninteresse aus aller Welt war enorm, der Bundespressedienst musste her, um die Reportermassen zu betreuen. Da das Ganze in würdiger Form verlaufen musste, setzte sich Neumayer schon Tage zuvor in sein Auto und fuhr den Weg mit der Stoppuhr in Händen ab. Denn an der Grenze zu Ungarn wollte Außenminister Mock den Konvoi feierlich verabschieden. Leider wartete dann am entscheidenden Tag in Wien eine Polizeieskorte, die den Konvoi viel zu schnell an den Grenzübergang brachte. Das war nicht vorauszusehen. Da kam also der Sargwagen, dahinter die kirchlichen Würdenträger, aber das Empfangskomitee fehlte ebenso wie die Freiwillige Feuerwehr, die die Ehrenwache stellen wollte. Neumayer handelte unbürokratisch: Er ließ den Sarg auf einen Katafalk stellen, postierte zwei seiner Beamten als Ehrenwache und fuhr in den Ort zurück, um den Bürgermeister und die Feuerwehr zu mobilisieren. Als schließlich nach einer halben Stunde der Außenminister eintraf, war nichts mehr von den vorangegangenen Aufregungen zu merken.

◇

Journalisten sind in der Regel schlampig oder auch nur chaotisch. Wenn es sich um Ausländer handelt, dann ist meistens der Bundespressedienst letzter Helfer in der Not. So wurde Neumayer einmal telefonisch um Intervention gebeten: Zwei russische Journalisten waren schon im Anflug auf Wien, hatten aber keinen Pass bei sich. Wieso die überhaupt ins Flugzeug gelangt waren, konnte dem Sektionschef nicht wirklich erklärt werden. In Schwechat brachte der Chef des BPD die beiden Unglücksraben zur Polizei, wo man ihnen einen drei Tage gültigen »Grenzübertrittsschein« ausstellte. Die Polizei wachte aber auch sehr genau darüber, dass die Ausreise auch wirklich erfolgte. Was der Fall war.

◇

Nicht alle Pressebetreuungen verliefen für den Sektionschef so harmlos. Da war einmal ein ausländischer Staatschef in Wien, für den die höchste Sicherheitsstufe galt. Die Staatspolizei wollte einem Journalisten den Zutritt zur Pressekonferenz des Staatsgastes verwehren. Neumayer musste ausrücken, um zu intervenieren. Doch auf dem Wiener Ring herrschte der übliche Verkehrsstau – und so befahl Neumayer seinem Chauffeur, auf den Straßenbahngleisen vorzupreschen. Bei der Oper hielt sie ein Polizist auf. Weder der Dienstausweis beeindruckte ihn, noch der Hinweis, dass man ja im Dienste der Staatspolizei so schnell unterwegs sei. Tatsächlich bekam Neumayer eine Strafverfügung. Die gab er dem Leiter der Staatspolizei – und so war die Sache erledigt.

◇

Das internationale Glanzstück in seiner zwanzigjährigen Tätigkeit als Leiter des Bundespressedienstes lieferte Herbert Neumayer aber gänzlich unfreiwillig. Als US-Präsident Jimmy Carter und Sowjet-Präsident Leonid Breschnew 1979 ihr »SALT II«-Gipfeltreffen in Wien abhielten, wussten die Beamten des Kanzleramtes schon bald nicht mehr, welche Attraktionen sie den hunderten Auslandsjournalisten noch bieten konnten, um das Land ins beste Licht zu rücken. Also lud man zu einem Heurigenbesuch nach Klosterneuburg ein – sechs Reporter fuhren mit.

Eigenartig: Dort waren auffällig viele Sicherheitsbeamte postiert. Man saß im Garten, und wenig später erschien ein Tross schwarzgekleideter Herren – in ihrer Mitte der Präsident der Vereinigten Staaten, der am Nebentisch Platz nahm. Bald flogen Wortfetzen hin und her, dann lud Carter die Journalisten an seinen Tisch und gab ihnen ein improvisiertes Pressegespräch – ein Traum! Begeistert erzählten die Glücklichen am nächsten Tag den Kollegen ihr Erlebnis: So etwas konnten eben nur die Österreicher arrangieren. Dass die gar nichts geplant hatten, glaubte ihnen kein Mensch. Neumayer: »So werden Helden geboren!«

◇

Und wie bringt man etwa eintausend akkreditierte Journalisten in die beste Position bei einem solchen Großereignis? Für die österreichischen Kollegen hatte Neumayer einen besonderen Trick: Er deklarierte einige Chefredakteure, die sonst keine Chance gehabt hätten, einfach als Kameraassistenten, als Kabelträger und Tontechniker. Wenn die alle tatsächlich auf der Lohnliste des ORF gestanden wären, dann wäre dieser wohl schon damals in Geldnöte geraten.

*

Vom Bundespressedienst ist die Assoziation mit »Auslandskorrespondent« ein Katzensprung. Reinhard Olt, Vertreter der »Frankfurter Allgemeinen Zeitung« in Wien, kennt inzwischen den »Wiener Schmäh«, aber der Anfang, sagt er, der war hart. Sein »Austrifizierungsprozess« verlief so: An der Kreuzung Anton-Langer-Gasse/Weinrothergasse in Hietzing trafen vier Autos zusammen, das von Olt hatte ein deutsches Kennzeichen. Über die Vorfahrt musste man sich – es geht wegen Beparkens stets recht eng zu an der Stelle – durch Handzeichen verständigen. »Offenbar hatte ich mich nicht commentgemäß verhalten, denn ich hielt, um den von rechts Kommenden an mir vorbei einbiegen zu lassen. Als der auf Augenhöhe war, kurbelte er die Scheibe herab, zeigte mir den Vogel und schrie: ›Homms da ins Hian gschissn, Deppata!?‹ Betont höflich entgegnete ich ›Mit mir müssen Sie schon Deutsch reden!‹, und fuhr davon.«

*

Auch für Museumsdirektoren – und solche, die es noch werden wollen – ist der Umgang mit der »Journaille« oft ein schwieriger. Im Rahmen der Bergung der berühmten US-Waffendepots in Österreich, über die ja in der Presse sehr viel berichtet wurde, schickte man den jungen Mario Christian Ortner als Vertreter des Heeresgeschichtlichen Museums (HGM) zur Räumung des größten derartigen Lagers im Raum Gusswerk. Die Bewaffnung und

Ausrüstung hätte wohl für rund 100 Mann gereicht. Bei der Bergung waren neben den eingesetzten Pionieren auch Zivilisten anwesend, wohl die meisten von der Staatspolizei und dem Heeresabwehramt, und auch einige Journalisten. »In einer Runde, die ich für Exekutiv- und Heeresbeamte in Zivil hielt, spekulierte ich munter drauf los«, erzählt Ortner, der heute Direktor des HGM ist. Ob die gefundene Sprengstoffmenge ausreichen würde, die in der Nähe verlaufende Hochquellenleitung zu sprengen, wurde er gefragt. »Ich verstieg mich zu der Feststellung, dass dies für Wien natürlich katastrophale Auswirkungen gehabt hätte.« Tags darauf ein Anruf: Er sei in der Zeitung zitiert! Ortner traf fast der Schlag: »Amerikaner planten Sprengung der Wiener Hochquellenleitung«. Als Quelle und Experte wurde Ortner angegeben. »Das war wirklich peinlich, da ja reine Spekulation.« Ortners Hoffnung, dass Schlagzeilen von gestern schnell vergessen werden, erfüllte sich nicht. Einige Monate später zitierte ein Experte auf einem wissenschaftlichen Symposium eben diese Zeitungsmeldung, »und so erhielt durch die Hochrangigkeit des Vortragenden meine herausgeplapperte Spekulation halboffiziellen Charakter und wurde auch publiziert. Sehr peinlich …«

◇

Ende der Neunzigerjahre suchte ein US-Team wieder einmal nach den mythischen NS-Goldschätzen im Toplitzsee. Christian Ortner wurde dazu vom ORF live befragt. Doch das war nicht gut abgesprochen. Denn plötzlich fragte die Moderatorin, ob er als Historiker glaube, dass man noch etwas finden werde. »Mir rutschte ein vollkommen unbedachtes ›da wird man sicherlich nichts finden‹ heraus. Am Morgen meldete der ORF zu meinem Schrecken, dass eine unberührte Kiste aus dem Toplitzsee geborgen worden war! Da dachte ich, das war's mit der Karriere, diese Blamage würde man in Fachkreisen nie vergessen!« Abends wurde die Kiste im Beisein von Pressevertretern geöffnet, aber Clio hatte es offensichtlich gut mit Ortner gemeint: In der Kiste lagen hunderte Bierverschlüsse eines Biergewinnspiels mit der Aufschrift »Leider nichts«. Einige ortsansässige Witzbolde hatten die Kiste nächtens versenkt, um sich einen Jux zu machen (und damit einem jungen Historiker fast einen Nervenzusammenbruch verschafft).

◇

Im »Heeresgeschichtlichen« erleben Journalisten überhaupt skurrile Dinge. Während einer Führung für die Zeitungen schwärmte der junge Pressesprecher des Museums von der Einzigartigkeit der Sammlungsbestände. Auf dem Weg durch einen Saal, in dem es von eindrucksvollen Ausstellungsstücken nur so wimmelte, ging der Rundgang seinem Höhepunkt entgegen. Die Redakteure hörten den Ausführungen aufmerksam zu, als plötzlich ein Aufseher auf die Gruppe zugeschritten kam. Der Pressesprecher begrüßte den Mitarbeiter, aber da zeigte dieser auf die vielen Objekte und fragte lautstark in die ergriffene Runde: »Wann kummt'n des ollas ausse?« Es war – wie sich herausstellte – eine Renovierung des Saales bevorstehend.

*

Das HGM ist übrigens das einzige Bundesmuseum, das einem Ministerium gehört – natürlich dem Verteidigungsressort. Der langjährige Wiener Militärkommandant Generalmajor Karl Semlitsch erinnert sich an einen »Integrationstag« beim Militärkommando: Auftakt war ein Fußballspiel des Integrationsteams »Neo-Österreicher in Uniform« gegen das Integrationsteam »Austria & Rapid«, das 5:5 endete. Dann die Pressekonferenz mit Stadträtin Renate Brauner, gemeinsam mit fünf Neo-Österreichern in Uniform, ausgewählt aus fünf Kontinenten. Journalistenfrage an den »Brasilianer in Uniform«: »Ihr Spiel war gekonnt brasilianisch, aber haben Sie nicht Sprachprobleme?« Die sportliche Antwort: »Ja, nicht in Portugiesisch und Deutsch, aber in Englisch und Italienisch bin ich schwach.«

Hoppalas der Mächtigen

Peinlich nur, wenn Journalisten davon erfahren

Da war doch was in Knittelfeld! Hier die Geschichte, wie der »Reißwolf« zu seinem Namen kam.

Journalisten waren bei der legendären FPÖ-Versammlung in Knittelfeld am 7. September 2002 nicht erwünscht. Nur ein Kollege von den »Salzburger Nachrichten« überhörte den Rausschmiss – und blieb bis zum Schluss. Anfangs schwitzte der arme Mann noch Blut und Wasser. Was, wenn man ihn erkennen würde? Die Stimmung war auch so schon aufgeheizt genug. Doch bald landete er im Sektor der Oberösterreicher und wurde dort von Landesobmann Hans Achatz genauso freundlich begrüßt wie von Jörg Haiders Schwester Ursula Haubner. Offensichtlich glaubte ein jeder, der gute Mann werde schon dazugehören.

So wurde der Kollege Redakteur also Zeuge der Abrechnung mit dem Regierungskurs der offiziellen Parteichefin Susanne Riess-Passer. Und er wurde Zeuge, wie Kurt Scheuch drei Blätter Papier demonstrativ zerriss. Auf diesen drei Seiten war ein Kompromiss niedergeschrieben, den die nominelle Chefin Riess-Passer und der tatsächliche Chef Haider wenige Tage zuvor formuliert hatten, um Steuerreform, EU-Erweiterung und Abfangjäger so unter einen Hut zu bringen, dass der schwarze Regierungspartner vielleicht doch nachgeben könnte.

Nach dem Ende der stundenlangen Debatte folgte noch eine Pressekonferenz – und erst dann machte der Kollege von den »Salzburger Nachrichten« seinen großen Fund: ein unscheinbares Papier-Knäuel. Nur er wusste, dass es sich dabei nur um das von Kurt Scheuch zerrissene Kompromisspapier handeln konnte. Am Montag darauf erschienen die »Salzburger Nachrichten« nicht nur als einzige Zeitung mit einer ausführlichen Reportage mitten aus dem »blauen Orkan«, sondern konnten auch das Kompromisspapier mit den Scheuch'schen Rissspuren im Faksimile abdrucken. Und Kurt Scheuch hatte seinen Spitznamen.

◇

Auch das Ausharren bei faden Parteikongressen kann dem Reporter zu dankbaren Erlebnissen verhelfen. Bei einem Bundeskongress der Grünen in den Achtzigerjahren wollte der äußerst gewissenhafte Horst Jestl von der APA schon heimgehen – die schreibenden Kollegen waren längst gähnend verschwunden. Da: Zu vorgerückter Stunde hielt es einen Tiroler Delegierten nicht mehr auf seinem Sitz. Er hantelte sich zum Rednerpult vor, mit einer Bierflasche in der Hand bewaffnet, und versuchte sich dort zu artikulieren. Körperlich schwankte er bereits ein wenig, und seine Rede wurde kaum beachtet. Erst als er das Publikum beschimpfte, gab es Applaus im Auditorium. Die Grünen freuten sich offenbar über diese besondere Art des Querdenkens und bedachten den Redner, der sich mit einer Hand am Pult festhielt und mit der anderen zwischendurch einen kräftigen Schluck Bier zu sich nahm, mit Applaus. Das wiederum verwirrte den inzwischen in den Mittelpunkt gerückten Mann, was seine »Parteifreunde« aber mit Aufforderungen wie »Dacapo!« und »Gib's ihnen« oder »Sehr gut, weiter so« quittierten. Zum Abgang bekam er tosenden Applaus – offenbar auch ein Zeichen der Erleichterung, dass an diesem Tag doch noch Stimmung aufkam.

◇

Journalisten in Parteidiensten müssen oft auch als »Ghostwriter« einspringen. Als Vizekanzler Hermann Withalm von der ÖVP die Melker Festspiele zu eröffnen hatte, fand sein Pressemitarbeiter in seinem Gedächtnis passende literarische Bilder und Zitate. Withalm hingegen hatte keine Zeit, den Text wenigstens ein Mal durchzulesen. Die Rede wurde schließlich außerordentlich gut aufgenommen. Lob lehnte Withalm mit den Worten ab: »Mir braucht ihr nicht zu gratulieren, ich habe die Rede auch gerade zum ersten Mal gehört.«

◇

Die – fast jährlichen – Novellen zum »Allgemeinen Sozialversicherungsgesetz« (ASVG) werden jeweils auch in den Parlamentsklubs vorberaten. So saßen also bei der Vorberatung der 53. ASVG-Novelle im ÖVP-Klub nicht nur die Abgeordneten dabei, sondern auch zahlreiche Experten, darunter der spätere ÖGB-Vizepräsident und Vorsitzende der Christgewerkschafter, Karl Klein, damals Bundessekretär. Neben ihm: Katharina Horngacher, eine Bäuerin aus Tirol, die nur eine Gesetzgebungsperiode im Nationalrat zubrachte. Nach gut einer Stunde beugte sie sich zu Klein und fragte. »Geh', sag' einmal, kannst du mir sagen, was ›ASVG‹ eigentlich heißt?«

◇

Manchmal kann ein Journalist tatsächlich etwas in Bewegung bringen, und seien es nur einige Beamte der Kulturabteilung der Stadt Wien.

Angefangen hat alles nach einem Interview mit dem damaligen Finanzstadtrat Rudolf Edlinger. In seinem Büro hing das eine oder andere Bild aus den städtischen Beständen, die jährlich zur Förderung des Künstlernachwuchses aufgefüllt werden. Besonders bemerkenswert: »Die Ölkanne«. Und zwar vor allem deswegen, weil Edlinger erzählte, dass er lange über die Bewegung des gelben Strahls auf dem blauen Bild sinniert hatte, bis ihm plötzlich einschoss: »Das hängt doch verkehrt herum?« Edlinger fackelte nicht lange herum und drehte das Kunstwerk einfach um. Ein Bericht der »Presse« über die artfremde Tätigkeit des Stadtrats blieb nicht wirkungslos. Die kunstbeflissenen Beamten suchten unverzüglich sein Büro auf, kontrollierten die Angaben wortlos, ehe sie doch einigermaßen zerknirscht eingestanden: »Sie haben recht, Herr Stadtrat.«

◇

Auch Pressereferenten gehören zur schreibenden Zunft. Sie sind zur Verschwiegenheit verpflichtet, was nicht immer so streng gehandhabt wird. Wir hier freilich halten uns dran. Wir dementieren daher sofort, was uns einer von ihnen erzählt hat: Als das Kabinett von Landwirtschaftsminister (und ÖVP-Chef) Josef Riegler den Sektionsleiter eines Fachgebietes suchte, um den Minister auf die parlamentarischen Budgetverhandlungen vorzubereiten, war dieser im Haus am Stubenring nicht aufzufinden. Er war gar nicht da, sondern im Parlamentsklub der SPÖ, um den Koalitionspartner zu informieren.

Als der Pressemitarbeiter in Eile aus dem Büro auf den Gang zum Kopierapparat stürzte, bat er den dort gerade kopierenden Beamten: »Kann ich bitte zwischendurch eine Kopie machen oder haben Sie es ebenso eilig wie ich?« – »Nein«, erwiderte der Gemütsmensch, »ich habe noch dreieinhalb Jahre.«

◇

Anlässlich einer Preisverleihung im Parlament kam Ernst Sittinger im Jahr 2007 mit Altbundeskanzler Wolfgang Schüssel ins Gespräch. Schüssel war gerade ÖVP-Klubobmann geworden und hatte sein neues Büro im Erdgeschoss des Parlamentsgebäudes bezogen. Speziell auf die Bilder des Malers Peter Pongratz war Schüssel so stolz, dass er Sittinger und dessen Familie spontan zur Bürobesichtigung einlud. Man stieg also die Treppen hinab – allein, Schüssel stand vor verschlossener Bürotür und konnte partout keinen Schlüssel finden. Auch kein Mitarbeiter war zur Hand. Nach zehnminütiger Wartezeit musste man unverrichteter Dinge wieder abziehen.

Wunderte sich Sittingers halbwüchsiger Sohn: »Er war der mächtigste Mann des Landes, aber in sein eigenes Büro kommt er nicht hinein.«

◇

Dass Journalisten und Politiker in gewisser Weise voneinander abhängig sind, ist Tatsache, wenn auch schwer zu akzeptieren. Was täten wir, lieferten uns die jeweiligen Kanzler und ihre Minister nicht laufend neuen Stoff zum Schreiben? Man kann es aber auch übertreiben – eindeutig. Das Kabinett Schüssel I war prädestiniert für diese Art der Arbeitsplatzsicherung. Schon bei der Angelobung im Februar 2000 machte sich die schwarz-blaue Regierung noch unbeliebter, als sie es ohnehin schon war. Auf dem Heldenplatz tobte die wütende Menge, auf dem Ballhausplatz herrschte dafür gähnende Leere. Für die Journalisten war der Raum dazwischen vorgesehen – gemeinerweise in idealer Wurfweite für rohes Ei & Co. Welch ein Glück, dass so mancher Innenpolitiker im Chronik-Ressort begonnen hatte und den Kontakt zur (Polizei-) Basis nicht ganz verloren hatte. »Lassen S' die Damen nach vorne treten«, befahl der wohlbekannte, menschliche Einsatzleiter. Die männlichen Kollegen wurden schließlich verschont – nicht zuletzt deshalb, weil die Regierung Schüssel durch den Tunnel in die Hofburg marschierte.

◇

Wer glaubt, dass ein stets lächelnder Bundeskanzler für friktionsfreie Angelobungen sorgt, der irrt. Das Kabinett Faymann I schritt zwar Ende 2008 unbehelligt auf die Hofburg zu, doch die neue Lockerheit war noch nicht beim Sicherheits- und Bodenpersonal des Bundespräsidenten angekommen. Journalisten und Minister auf ein und derselben Stiege in ein und derselben Sekunde? Da könnt' ja jeder kommen. Da hätt' die Frau Redakteurin eben auf die Eindrücke vom Gang über den Platz verzichten und zehn Minuten früher, jedenfalls lange vor dem hohen Tross in die Prunkräume kommen müssen.

Die Infrastrukturministerin in spe verfolgte den Disput mit Staunen und handelte schnell. Doris Bures' Frage »Eine Begleiterin ist mir aber schon erlaubt, oder?«, war ohnehin mehr rhetorischer Natur. Und schon marschierte die gefährliche Berichterstatterin Arm in Arm mit der roten Ministerin über den geheiligten Hofburg-Teppich.

*

Als die ÖVP noch im Palais Todesco in der Kärntnerstraße 51 residierte, war die Chefetage im 2. Stock. Wenn man die Türe aus dem Stiegenhaus geöffnet hatte, stand man vor einem großen, dunkelbraunen, nicht mehr ganz neuen Schreibtisch, hinter dem ein Zwischending aus Empfangsdame und Torwächter saß – es war ein Herr, der zeitweilig auch als Chauffeur des Chefs eingesetzt wurde, da war dann das Entree unbesetzt.

Was den Mitte 1975 nach dem Tod Karl Schleinzers neu gewählten Parteiobmann Josef Taus aber störte, war der dunkelgrüne Filzvorhang, der vorne am Schreibtisch genau dort angebracht war, wo der dahinter Sitzende seine Füße ausstreckte. Das wahrlich Störende war, dass der Filzvorhang schon in die Jahre gekommen und etwas schäbig war, noch dazu mit Reißnägeln wenig fachmännisch angebracht. Taus dekretierte, dass der Filzvorhang sofort weg müsse. Aber da hatte er die Rechnung ohne den Torwächter gemacht: »Im Winter zieht's da immer bei der Türe herein, wenn Leute kommen. Wenn ich den Filzvorhang nicht habe, verkühle ich mich. Und den hat mir der Herr Parteiobmann Dr. Schleinzer – Gott hab' ihn selig – persönlich genehmigt!« Damit war die Debatte beendet und der Filzvorhang blieb – bis Jahre später der Schreibtisch entsorgt wurde.

◇

Aber dem neuen Parteiobmann Taus widerfuhr auch durchaus Heiteres. In der Woche nach seiner Wahl wollte er sich bei einem Rundgang durch die gesamte Parteizentrale bei allen Mitarbeitern persönlich zeigen. Viele bekamen ihn dabei wirklich erstmals zu Gesicht, denn er hatte ja bis dahin keine führende politische Funktion innegehabt. Taus legte bei diesem Rundgang Wert darauf, nicht mit großer Entourage durchs Haus zu gehen, sondern ganz alleine. So kam er auch in den dritten Stock in ein kleines Zimmer, in dem er die darin beschäftigte Frau auf dem Schreibtisch stehend mit einigen Aktenordnern in der Hand vorfand. »Was machen S' denn da oben?«, fragte Taus jovial und bekam folgende Antwort: »Wissen S', heute geht der neue Bundesparteiobmann durchs Haus und man hat uns gesagt, wir sollen möglichst etwas tun, das nach fleißiger Arbeit ausschaut!«

*

Wer das große Büro des Ersten Präsidenten des Nationalrates kennt, kann sich vorstellen, wie viele »Kilometer« tagtäglich die Sekretärin zurücklegt, wenn sie mehrmals aus dem Vorzimmer zum Schreibtisch des Präsidenten gehen muss. Also schlug Ende der Siebzigerjahre Dr. Müll, die Sekretärin von Nationalratspräsident Maleta, ihrem Chef vor, eine Gegensprechanlage installieren zu lassen, die – was für Maleta nicht unwichtig war – »ohnedies das Parlament zahlt«. Die Anlage wurde montiert und Frau Dr. Müll versuchte, ihrem Chef die Funktionen zu erklären: »Wenn Sie da drücken und sprechen, dann höre ich Sie draußen über den kleinen Lautsprecher, und wenn ich draußen bei mir drücke und spreche, dann hören Sie mich. Ist das klar?« »Na klar is' des klar!«, antwortete der Präsident, und man unterließ unvorsichtigerweise einen Test.

Was ein Fehler war, wie sich beim ersten praktischen Einsatz des Gerätes anlässlich eines unangemeldeten Besuches eines Direktors aus dem verstaatlichten Bereich zeigte. Frau Dr. Müll drückte auf ihr Gerät und sagte: »Herr Präsident, der Generaldirektor Sowieso ist da!« Und Maleta, der das Gerät eher als Telefonvariante verstand, drückte ebenfalls und sagte: »Was wüll' denn des Arschloch?« Wahrhaft unverständlich, dass der Generaldirektor daraufhin nicht mehr zum Präsidenten hineinging.

◇

Das Maleta-Missgeschick mit dem wartenden Verstaatlichten-Manager hatte in der Steiermark eine Parallele: Beim Wirtschaftslandesrat der Landesregierung, Anton Pelzmann, seines Zeichens im Zivilberuf Kunstschmied und ein Mann manchmal rauer Umgangsformen, fand sich eine Delegation der Industriellenvereinigung ein. Während die Herren bereits im Vorzimmer warteten, war der Sekretär noch schnell ins Zimmer gehuscht, um einige dringende Unterschriften zu bekommen. Dabei war die Tür einen Spalt offen geblieben, und so konnte man im Vorzimmer alsbald die Stentorstimme Pelzmanns hören: »Und jetzt schickst ma de Wichser von der IV eine.« Das folgende Gespräch soll etwas unterkühlt verlaufen sein.

◇

Alfred Maleta war über seine Familie auch Viertel-Eigentümer der »Oberösterreichischen Nachrichten«. Als Neuling musste er zu einer Aufsichtsratssitzung der Austria Presse Agentur und kannte nahezu niemanden. Also nahm er neben Peter Klar, dem Chef des ÖVP-Pressedienstes, Platz. Bei einer Wortmeldung in der Debatte beugte sich Maleta zu Klar und sagte: »Du, des is' a' g'scheiter junger Mann. Wer ist denn des?« – »Das ist der Harald Egger vom Sozialistischen Verlag.« Maleta reagierte mit perfektem Politiker-Reflex: »Der Trottel soll die Gosch'n halten!«

◇

Ende der Siebzigerjahre gab es bei den »Salzburger Nachrichten« einen zwei Stunden dauernden Streik, den der damalige Chefredakteur Karl Heinz Ritschel gegen den Herausgeber angezettelt hatte. Alfred Maleta rief Peter Klar an: »Du bist zwar bei der Konkurrenz – aber hast schon gehört vom SN-Streik?« Pflichtbewusst antwortete Klar mit: »Jawohl, Herr Präsident!« Worauf Maleta sein Leid klagte: »Jetzt woll'n meine Buben, der Polz und der Enickl (OÖN-Chefredakteur und Geschäftsführer, Anm.), auch streiken, nur weil der Ritschel seinen Herausgeber ärgern wollt', den alten Trottel – der ist ja fast so alt wie ich!«

*

Der langjährige Präsident des Bundesrates Herbert Schambeck hatte mit dem Parlaments-Dienstauto eine leichte Havarie auf dem Weg nach Baden. Die beiden am Unfall beteiligten Autolenker fuhren ihre Wagen zur Seite, um die Sache versicherungstechnisch abzuwickeln. Der Unfallgegner, ein Arzt, vermutete aufgrund des niedrigen Wiener Autokennzeichens gleich, dass es sich um einen hochrangigen Politiker handeln musste. Und es stieß dem Arzt sauer auf, dass Schambeck im Wagen sitzen blieb und seinen Chauffeur die Sache abwickeln ließ. Noch dazu saß Schambeck nicht wie die meisten leutselig wirken wollenden Politiker am Beifahrersitz, sondern stets mit zahlreichen Papieren im Fond des Wagens. Da stürmte der erboste Arzt auf den Präsidentenwagen zu, riss die hintere Türe auf und forderte Schambeck erregt auf: »Steigen Sie gefälligst aus! Ich bin Doktor!« Worauf ihn Schambeck herablassend ansah und kurz erwiderte: »Mein Herr, ich mache Doktoren!«

*

Alois Mock war zeit seines Lebens ein Vielarbeiter. Um alles zu schaffen, was er sich selbst auferlegte, begann er oft schon im Morgengrauen zu arbeiten. Die frühere Korrespondentin der »schwarzen« »Süd-Ost-Tagespost« in Graz, Barbara Stiglmayr, erinnert sich mit Schaudern an eine Interviewvereinbarung mit dem ÖAAB-Bundesobmann. »Hättest du morgen um fünf Uhr Zeit?« – Stiglmayr sagte zu und trug den Termin ein: »Also, dann bis morgen, siebzehn Uhr, in deinem Büro!« – »Nein, fünf Uhr haben wir ausgemacht?« – »Du meinst doch nicht ernstlich fünf Uhr früh?« – »Natürlich meine ich das.« Nach langem Feilschen gab Mock nach. Und verlegte den Termin gnadenhalber auf – sieben Uhr früh.

*

Bundeskanzler Viktor Klima liebte inszenierte Auftritte. Im Wahlkampf 1999 gastierte er in Villach, wo er effektvoll in einer Lokomotiven-Werft der ÖBB auftrat. Der Zauber der blauen Montur wirkte freilich gekünstelt, denn in Wahrheit scharte Klima die übliche Entourage aus den Reihen der SPÖ-Prominenz um sich. Die Funktionäre quittierten Klimas eher langweilige Rede reflexartig mit frenetischem Applaus. Nach dem Ende der Veranstaltung traf Klima zufällig auf »Presse«-Redakteur Sittinger und fragte, vom Applaus bestärkt und sichtlich gut gelaunt: »Na, Herr Sittinger, da schauen Sie, was? Sogar Sie können nicht leugnen, dass das hier ein Erfolg gewesen ist.« Sittinger allerdings hatte die Rede nicht vorne im Funktionärsmilieu verbracht, sondern ganz hinten am anderen Ende der Halle, wo verschreckt die »echten Arbeiter« im Blaumann standen. Die hatten nicht applaudiert, sondern über Klima geschimpft, was Sittinger nun dem Kanzler referierte. Daraufhin sprang Parteimanager Andreas Rudas wütend in die Bresche: »Das haben Sie jetzt frei erfunden, weil die bürgerliche Presse das so haben will!«, schleuderte er Sittinger entgegen. – »Reden wir am Wahlabend weiter«, entgegnete der Journalist. Der Rest ist bekannt: Klimas SPÖ verlor fünf Prozentpunkte, der Kanzler musste abtreten.

◇

Die Cafeteria des Parlaments ist ein weitläufiger neuklassizistischer Raum ohne viel Charme. Früher war die sogenannte »Milchbar« das soziale Zentrum des Hohen Hauses gewesen, in dem Abgeordnete und Journalisten auf engen Raum Schulter an Schulter saßen. Sie hatte viel Atmosphäre gehabt, aber wenig Platz.

Eines Nachmittags saßen Vertreter beider Professionen an einem Tisch und redeten. Herein kam Vizekanzler und Sozialminister Rudolf Häuser. Häuser fand keinen Platz mehr und wollte wieder gehen. Ein Abgeordneter bot Häuser an, an dem gemischten Tisch Platz zu nehmen, man könnte ja noch ein Stück zusammenrücken. Häuser lehnte dankend ab, da frotzelte der Abgeordnete: »Du meidest wohl die Presse?« Häuser: »Ich meide sie nicht, aber ich suche sie auch nicht.«

*

Selbst recht berechenbare Persönlichkeiten wie Bundeskanzler Franz Vranitzky und Vizekanzler Josef Riegler bieten gelegentlich Überraschungen. Die beiden hatten sich, es muss 1990/91 gewesen sein, zu einem Gespräch zurückgezogen. Als Pressereferenten hatten Karl Krammer und Claus Reitan die Order erhalten, die Journalisten nicht von dem Vier-Augen-Gespräch zu informieren. Die beiden taten, wie befohlen. Am späten Nachmittag wurden sie in das Vorzimmer des Kanzlerbüros geholt. Strahlend über ihr Gesprächsergebnis standen Vranitzky und Riegler da – und fragten mangels der erhofften Blitzlichter enttäuscht: »Na, wo sind eure ganzen Freunde?« Die waren, auftragsgemäß, nicht da. Man handelte rasch, trommelte alle Journalistenkollegen zusammen – und dann waren alle wieder zufrieden.

*

Landeshauptmann Josef Krainer II. war bekannt für sein phänomenales Personengedächtnis. Doch bei Massenveranstaltungen konnte er diese Fähigkeit abschalten und sein Hirn gewissermaßen auf »Leerlauf« stellen. Der spätere »Presse«-Redakteur Ernst Sittinger, damals noch bei der ÖVP-Zeitung »Süd-Ost-Tagespost« engagiert, testete diese Besonderheit aus:

Bei einem Lehrlingsempfang in der Grazer Burg mischte er sich unauffällig unter die Berufsanfänger, als Krainer jedem Lehrling die Hand schüttelte. Prompt wurde der Journalist vom Landesvater nicht erkannt, sondern reflexartig gefragt: »Und was machst du?« – »Ich arbeite bei der ›Tagespost‹«, sagte Sittinger. Da schreckte Krainer aus seinem Trancezustand auf: »Jössas, jetzt hab ich Sie gar nicht erkannt, Herr Redakteur!«

*

Das »Europäische Forum Alpbach« dient Politikern alljährlich im Sommer als Resonanzboden für mediale Auftritte. Im August 2008 begab sich der steirische ÖVP-Chef und Vizelandeshauptmann Hermann Schützenhöfer extra nach Tirol, um einen Mittagsempfang des Landes Steiermark für Journalisten zu geben. Zuvor wollte er noch die Landschaft genießen und fuhr per Seilbahn auf einen der umliegenden Berge. Als er wenig später die Talfahrt antreten wollte, stand er vor verschlossener Tür: Die Seilbahn hatte von 12 bis 14 Uhr Mittagspause. Schützenhöfer, zuhause in Graz immerhin Landestourismusreferent, probierte es mit Bitten und Flehen, versprach den Bediensteten eine deftige Jause – alles vergeblich. Den Mittagsempfang konnte er nur per Fernglas vom Berg verfolgen. Im Tal unten speisten die Journalisten diesmal ganz ohne begleitende Worte des Gastgebers.

*

Andreas Maurer, der populäre Landeshauptmann Niederösterreichs, wusste, wie man Journalisten zu Pressekonferenzen lockt. Der begeisterte Bauer Maurer war dafür bekannt, dass er auch noch als Landeshauptmann so manche Arbeit am Hof selbst verrichtete. Berühmt waren etwa seine selbstverfertigten Bratwürste und Blunzn, auch der Maurer-Wein hatte sich einen Namen gemacht. Mit diesen Köstlichkeiten wurden Maurers Pressekonferenzen zu Fixpunkten im journalistischen Veranstaltungskalender.

*

Weil wir schon in Niederösterreich sind, gleich noch die folgende Geschichte: In den Landespressedienst aufgenommen zu werden, war früher nicht ganz einfach. Ein Dienstposten musste frei sein, und vom Bewerber wurden auch Kenntnisse der Landesgeschichte erwartet.

Ein Aufnahmekandidat wurde vom Chefredakteur der Landesregierung, einem studierten Historiker, mit folgenden Fragen abgeprüft: »Von wem stammte die Einteilung in Landesviertel? Was hat es mit dem Poigenreich auf sich? Seit wann gibt es die Bezirkshauptmannschaften? Wie hieß der letzte Landesstatthalter? Wie viele Mitglieder haben Landtag beziehungsweise Landesregierung?« Drei der fünf Fragen konnte der Redaktionsaspirant namens Franz Oswald, der später selbst Chefredakteur werden sollte, beantworten. Womit der eher ungewöhnliche Aufnahmetest bestanden war.

Im Kaffeehaus

Legendäre Schnurren aus der Zwischenkriegszeit

Karl Kraus. Einer der größten Schriftsteller und Journalisten seiner Zeit. Gehasst von der Konkurrenz. Als er 1936 starb, meinte Egon Friedell, der nur noch zwei Jahre zu leben hatte: »Ein Mensch, der davon gelebt hat, die anderen umzubringen, kann doch nicht tot sein.« Und Oskar Kokoschka: »Karl Kraus – abgestiegen zur Hölle, zu richten die Lebendigen und die Toten!« Und Anton Kuh, der Karl Kraus ein Leben lang gehasst hatte: »Wenn einem so ein Feind wegstirbt, da geht ein Freund dahin …«

*

Der Dichter Wladimir Freiherr von Hartlieb, Sohn begüterter Eltern, war – wie viele seiner Zeitgenossen – von der Sprachgewalt Karl Kraus' hingerissen. Wenn Kraus eine Lesung hielt, mussten die größten Säle Wiens herhalten. Am 4. Mai 1912 schrieb Hartlieb nach Hause: »Liebe Mama! In Wien hat sich ein ungeheures Ereignis vollzogen – die schurkische Presse hat es totgeschwiegen. Karl Kraus, der seit 13 Jahren ›Die Fackel‹ herausgibt, … hat neulich über alle Gegner triumphiert. Er ist der geistige Beherrscher Wiens geworden – trotz Presse und Pöbel. Er hielt am 2. Mai im Großen Musikvereinssaal einen Vortragsabend – der Saal war überfüllt –, und am Schluss überschütteten ihn tausende von hingerissenen Menschen mit einem Beifallsorkan. Es war der Sieg des Genies – eine große Stunde. Es gibt doch Lichtpunkte in dieser Welt. Aber doch zu wenige, um sich ihrer zu erfreuen.«

◇

Hartlieb selbst gab sich als Kulturpessimist und suchte lange für sein Werk »Fortschritt ins Nichts« einen Verleger – obwohl er ohnedies Druckkostenbeiträge anbot. Ein interessierter Verlag verlangte allerdings Streichungen brisanter Passagen. Und auch sein Freund Kurt von Redlich beschwor ihn flehentlich: »Wozu hast du es notwendig, in dieser Hinsicht ein Kraus-Epigone zu sein und Dir überdies den Hass der ›Neuen Freien Presse‹ für immer zu verderben? Ich bitte Dich inständig in Deinem Interesse, die Ausfälle gegen die ›Neue Freie Presse‹ als höchst schädigend zu eliminieren … Der Kampf gegen jüdische Zeitungen darf nur von einem Juden ausgehen. Alberich und Mime sind auch Brüder!«

*

Sprachrohr der Christlichsozialen war die von Friedrich Funder geleitete »Reichspost«. Als Gegengewicht zum sozialdemokratischen »Kleinen Blatt« kam das »Kleine Volksblatt« auf den Markt. Chefredakteur wurde der Funder-Schüler Hermann Mailer, der die Blattlinie so festlegte: »Merken Sie sich, meine Herren: Eine katholische Zeitung gibt's nicht. Entweder ist sie katholisch, dann ist sie keine Zeitung. Oder sie ist eine Zeitung, dann ist sie nicht katholisch.«

◇

Vielfältig wie die Presse der Zwanzigerjahre war auch die Kritik an ihr. So höhnte der Kabarettist Fritz Grünbaum über die Journalisten: »Man kann, wenn sie Bericht erstatten, genau wer sie besticht erraten.« Und Karl Kraus stellte bitter fest: »Journalisten schreiben, weil sie nichts zu sagen haben, und haben etwas zu sagen, weil sie schreiben.« Noch pointierter – wieder Karl Kraus: »Je größer der Stiefel, desto größer der Absatz.« Und der große Journalist Gerd Bacher formulierte einmal: »Wenn Maurer so arbeiteten wie Journalisten, würden die Häuser einstürzen.«

◇

Egon Friedell, der gerne und viel bei Zeitungen aller Art mitarbeitete, bekam eines Tages folgenden Brief: »Verehrter Herr Doktor! Sie sandten uns gestern einen interessanten Aufsatz über ›Macbeth‹, den wir aber bereits im ›Prager Tagblatt‹, in den ›Frankfurter Nachrichten‹ und in der ›Düsseldorfer Lokalzeitung‹ gelesen haben. Wir machen Sie höflichst darauf aufmerksam, dass man mit einem Gesäß nicht auf mehreren Hochzeiten tanzen kann.« Friedell antwortete: »Sehr geehrte Redaktion. Sie unterschätzen mein Gesäß!«

◇

Selbstkritisch schilderte Kurt Tucholsky einmal ein Gespräch mit seinem Verleger, der einen Absatz für »wolkig« gefunden hatte. Tucholsky habe ihm daraufhin genau auseinandergesetzt, wie es gemeint war: »Das wollte ich sagen«, schloss er. Darauf der Verleger: »Dann sag's.«

◇

Als Anton Kuh 1931 im Berliner »Querschnitt« publizierte, bekam er folgenden Brief aus Wien: »Sehr geehrter Herr! Überrascht stelle ich fest, dass Sie meine bescheidene Erzählung ›Kaiser Josef und die Prostituierte‹ unverändert, nur unter Hinzufügung der drei Wörter ›Von Anton Kuh‹, im ›Querschnitt‹ veröffentlicht haben. Es ehrt mich selbstverständlich, dass Ihre Wahl auf meine kleine launige Geschichte gefallen ist, da Ihnen doch die gesamte Weltliteratur seit Homer zur Verfügung gestanden hat. Ich hätte mich deshalb auch gern revanchiert, aber nach Durchsicht Ihres gesamten Œuvres fand ich nichts, worunter ich meinen Namen setzen möchte. Egon Friedell.«

◇

In Afrika herrschte 1935 Krieg. Die Italiener hatten Abessinien überfallen. Beim Chef eines Wiener Abendblattes erschien der Kulturredakteur und bat: »Schicken S' mich als Kriegsberichterstatter nach Abessinien, Chef!« – »Sind Sie wahnsinnig? Das können wir uns doch net leisten!« – »Aber Herr Chef«, entgegnete der Redakteur gemütlich, »ich will doch gar net wirklich nach Äthiopien fahrn. I setz mi in ein Kaffeehaus und schreib ihnen die schönsten Kriegsberichte, die Sie sich vorstellen können.« Der Chef war einverstanden, und einige Zeit hatte sein Blatt Berichte vom Kriegsschauplatz, mit denen keine Zeitung in Wien mithalten konnte. Doch die Konkurrenz witterte, dass der Mann gar nicht in Abessinien war. Und so erhielt sein Blatt eines Tages den Anruf eines Mannes, der sich als abessinischer Geschäftsträger in Wien vorstellte und um die Frontadresse des Reporters bat: Man wolle ihm für seine ausgezeichneten Berichte einen hohen abessinischen Orden verleihen. Der Anrufer wurde abgewimmelt. Worauf er in breitestem Wienerisch drohte: »Also guat, dann wer'n ma halt einmal im Café Weishappel nachschauen gehen!«

*

Spesen sind das Salz in der Suppe des Reporters. Zumindest waren sie es einmal. Legendären Ruf erlangte die Spesenrechnung eines Lokalberichterstatters, der lakonisch geschrieben hatte: »Taxi zur Mondfinsternis – zwanzig Schilling.«

◇

Viel beachtet wurde auch die Spesenrechnung eines Redakteurs, der auf eine längere Recherche in eine Landeshauptstadt geschickt worden war. Sie lautete für den ersten Tag: »Frühstück, 10 Schilling. Mittagessen, 20 S. Abendessen, 15 S. Und der Mensch ist nicht aus Holz, 50 S.« So lautete die Spesenrechnung Tag für Tag, bis es dem Chefredakteur zu bunt wurde. Am 5. Tag strich er die Formulierung »Und der Mensch ist nicht aus Holz«

durch und schrieb dafür an den Rand: »Aber er ist auch nicht aus Eisen!!«

*

Eine originelle Persönlichkeit war Reiseschriftsteller Arnold Höllriegel, der sich den Zorn von Imre Békessys Zeitung »Die Stunde« zugezogen hatte. Das Blatt denunzierte ihn als Hermaphroditen, indem es eines Tages unter den Lokalnachrichten folgende Meldung brachte: »Der Schriftsteller Arnold Höllriegel wurde kürzlich vor einem Stundenhotel gesehen, in das er mit sich selbst hineinging.«

◇

Apropos Bordelle. Nachdem eines der ältesten in Wien, »Madame Rosa« in der Köllnerhofgasse, für immer geschlossen hatte, erhielt Coco, der Papagei des Hauses, das Gnadenbrot beim Tierhändler Glesinger in der Praterstraße. Dort erfreute das Tier die Kunden mit frivolen Sprüchen. Einer davon lautete: »Ein Fisch, das ist der Schleierschwanz, doch schleierlos kommt Lehar Franz.«

◇

Hübsch ist auch die Anekdote, die uns der große Roda Roda überliefert hat: Der Feuilleton-Redakteur meinte zum hoffnungsvollen Autor: »Erlauben Sie mir, Ihre neueste Komödie zu übersetzen?« – »In welche Sprache?« – »Ins Deutsche.«

*

Die von Max Reinhardt und Hugo von Hofmannsthal in den armen Zwanzigerjahren ins Leben gerufenen Salzburger Festspiele waren ein großer Erfolg. Für Max Reinhardt zudem ein gewaltiger finanzieller. Er erwarb Schloss Leopoldskron und gab dort rauschende Feste. Nach einem Barocksouper bei Kerzenlicht schrieb Imre Békessy in der »Stunde«: »Der Abend wurde durch einen Kurzschluss beeinträchtigt, anders könnte ich mir nicht erklären, dass die elektrische Beleuchtung durch Kerzen ersetzt wurde.«

◇

Der Bankier Camillo Castiglioni, ein Geldgeber Reinhardts und Ehrengast bei erwähntem Abend, stellte Békessy wegen des spöttischen Artikels zur Rede und erhielt folgende Antwort: »Herr Castiglioni, ich habe nichts gegen Parvenüs. Ich habe nur etwas dagegen, dass Sie so tun, als ob Sie es nicht wären ...«

◇

Der Ruf von Reinhardts neuem Reichtum drang auch zu Egon Friedell. »Herr Doktor, was sagen Sie dazu, dass dieser Professor Reinhardt ein Schloss, Diener mit Perücken, einen Park und einen See mit Hunderten von weißen und schwarzen Schwänen hat?« Friedell: »Also, ich hab den Reinhardt noch gekannt, da hat er ein Kabinett mit Tisch, Sessel und Bett und höchstens zwei bis drei Schwäne gehabt.«

*

So originell Békessy in seiner »Stunde« schrieb, so korrupt war er auch. Karl Kraus schloss seine Episteln stets mit dem Satz: »Hinaus mit dem Schuft aus Wien!« Und Friedrich Austerlitz versetzte ihm derartige Schläge in der »Arbeiter-Zeitung«, dass Békessy fluchtartig Wien verließ.

Die Abrechnung mit seinen Gegnern hatte es in sich. Über Austerlitz schrieb er: »Ein in die Sozialdemokratie verschlagener, schreibsüchtiger, rechthaberischer Ehrgeizling, der es durch Ausdauer und eine unübertreffliche Vielschreiberei fertigbrachte, den Eindruck seiner Unentbehrlichkeit zu erwecken.« Als »pathologischen Wasserfallredner« bezeichnete er ihn und als »Bedränger kleiner Mädchen«, der von der Polizei gesucht werde. Austerlitz erwiderte aufs Äußerste empört: »... und wenn der Dreck, mit dem Sie mich bewerfen, fußhoch aufspritzt, ich durchwate ihn, um Ihre Erbärmlichkeit zu fassen. Da sage ich's einmal mit dem alten Lueger: ›Kopf hoch, Nase zu und mitten durch …‹«

*

15. Juli 1927. Der Justizpalast brannte lichterloh. Das erste Wetterleuchten des Bürgerkriegs in Österreich. Die Polizei riegelte das Parlament ab, wo die Regierung in Permanenz tagte.

Ein Mann versuchte, den Kordon zu durchbrechen. »Lassen Sie mich durch«, herrschte er den Polizeioffizier an, »ich bin der Direktor der RAVAG, ich muss dringend zur Regierung ins Parlament!« Ein Polizist trat näher, musterte den Mann und sagte: »Ah, Sie san also der RAVAG-Direktor. Jetzt sagen S' mir amal: Zu was spüln Sie alleweil die saublöden Opern?«

*

Seinen größten journalistischen Erfolg erzielte Békessy 1932 mit einer Zeitungsente: »Hitler heißt Schicklgruber«, lautete die Schlagzeile. Extrablätter wurden zu Tausenden nach Deutschland eingeschleust, um noch in den Reichstagswahlkampf einzugreifen. Der findige Reporter hatte Wind bekommen von polizeilichen Recherchen die Abstammung des vor dem Durchbruch stehenden Agitators in Berlin betreffend.

Auch der geschäftstüchtige Wiener Genealoge Karl Friedrich von Frank war an der Arbeit, die verwirrende Waldviertler Familiengeschichte der Hitler-Vorfahren zu erforschen. 300 Mark verlangte er im Februar 1932 von Hitler für eine Ahnentafel bis zur vierten Generation. Die Drohung am Schluss seines Angebots war unmissverständlich: »… dass ich bei meinen Erhebungen in jüngster Zeit darauf gestoßen bin, dass seitens der österreichischen Behörden gleichfalls Erhebungen über Ihre Abstammung gepflogen werden.« Hitler dankte – laut Brigitte Hamann – dem Ahnenforscher am 25. Juni 1932.

◇

Jetzt ließen die Zeitungen nicht mehr locker. Ebenfalls im Juni 1932 brachte die »Neue Zürcher Zeitung« einen unscheinbaren Leserbrief (»Hitlers Vorfahren«). Ganze Scharen von Reportern hielten das Schicklgruber/Hitler-Thema am Köcheln. Als Hitler 1933 Reichskanzler geworden war, brachte die Prager »Lidove Noviny« die Zeitungsente, im polnischen Dorf Polna sei ein Abraham Hitler aus dem 18. Jahrhundert im Gespräch. Eine Woche später die »Deutsche Freiheit« (Saarbrücken): »Die jüdische Familie Hitler – mit Dokumenten«, wieder acht Tage später das »Österreichische Morgenblatt«: »Der braune Hitler mit dem gelben Fleck«.

Den Vogel schoss wieder einmal Békessy ab, als er am 14. Juli 1933 im »Abendblatt« seinen Lesern versprach: »Hitlers Judentum notariell bestätigt.« Da war von einer Familie Hiedler in Polna die Rede und – tatsächlich – von einer Klara Hitler, verehelichte Pölzl in Braunau. Freilich wäre diese jüdische Klara bei Hitlers Geburt 78 Jahre alt gewesen. Gleich nach dem »Anschluss« Österreichs ließ Hitler sämtliche Spuren über seine Abstammung vernichten.

◇

Békessy hatte einen Sohn, der nach dem Krieg ebenfalls als Journalist tätig war – und unter dem Pseudonym »Hans Habe« berühmt werden sollte. Er schrieb einmal: »Die Österreicher beneiden die Deutschen um das, was sie selbst um keinen Preis sein möchten.« Das ähnelt dem folgenden Aphorismus von Alfred Polgar: »Der Österreicher ist so deutsch, wie seine Donau blau ist.« Und Hans Weigel: »Österreich ist: dass man deutsch sprechen kann, ohne Deutscher zu sein.«

Als allen das Lachen verging

Hitlers Krieg vernichtete auch die Wiener Zeitungslandschaft

Auf der äußersten Rechten der politischen Szene braute sich in den Dreißigerjahren schon das Unheil zusammen. In Wien spottete man noch. So veröffentlichte eine satirische Zeitung die Scherzfrage: »Was ist der Unterschied zwischen der Wüste Sahara und der NSDAP? – In der Sahara werden Kamele von Menschen geführt …«

◇

Das Spotten verging den Wiener Journalisten jedoch sehr schnell. In seinem Tagebuch beschreibt der Journalist Theodor F. Meysels (1899–1963), Vater des Autors Lucian O. Meysels und Redaktionsmitglied der »Neuen Freien Presse«, die Stimmungslage der jüdischen Journalisten Wiens in den Tagen nach dem Einmarsch deutscher Truppen: »13. März 1938: Kaum sind wir in der Redaktion mit dem Abendblatt fertig, da werden die ersten Suspendierungen verlautbart. Sie treffen allerdings nur Nichtarier, die längst mit dem Chef auf Kriegsfuß leben. Immerhin ist der Nichtarierprozentsatz von 90 Prozent auf 60 Prozent reduziert, wie unser erster Hakenkreuzträger befriedigt errechnet. Es ist, wer hätte das gedacht, jener von der Vaterländischen Front so warm empfohlene und trotz seiner Unfähigkeit uns aufoktroyierte Dr. Kahn, den bisher niemand für einen Arier gehalten hat … Abends ist das Redaktionsgebäude von schwerbewaffneten Zivilisten bewacht. Vorsichtshalber rufe ich von einem Automaten an und erfahre, dass es sich nicht um Besetzung, sondern um eine ›Schutzwache‹ handelt. Zwei fabelhaft uniformierte Herren haben ein Zimmer neben dem Chef bezogen. Sie machen einen Rundgang durch alle noch bewohnten Zimmer und proklamieren, dass der Redaktionsstab unter dem Staatsschutzgesetz steht und jede Nachlässigkeit im Dienste als Sabotage betrachtet wird. Prost Mahlzeit …

14. März: Das deutsche Heer hat Wien erreicht. Die Stadt ist (unter Polizeikontrolle und Feuerwehrnachhilfe) würdig geschmückt … Wortkarge Telephonanrufe informieren darüber, dass die Haussuchungsaktion schon zu kleinen Leuten meiner Art durchgreift. Wie in so vielen Wiener Wohnungen raucht bald der Ofen, voll mit Briefen und Manuskripten. Nach diesem Papierfeuer bleibt von der Arbeit einer halben Dekade nicht viel übrig.

15. März: Man hat die Humoristen Farkas und Grünbaum verhaftet, auch die Komiker Morgan und Leopoldi sitzen schon. – Wie wird sich Wien unter einem Regime fühlen, das es so eilig hat, die Hanswurste beim Kragen zu nehmen? … In der Redaktion wieder neue Lücken. Der arme Dr. S. hat Selbstmord begangen, als er die SA-Wache vor dem Haus sah. Auernheimer und Hirschfeld sind schon verhaftet. Insgesamt haben in den ersten drei Tagen des Regimes 187 Leute Selbstmord begangen. Das darf natürlich nicht gemeldet werden – im redaktionellen Teil. Wer es sich leisten kann, mag das ›jähe Abscheiden‹ seiner Angehörigen aber in einer Parte in der ›Neuen Freien Presse‹ bekannt geben, informiert man uns … Eine halbe Stunde später kommt von oben, wo die Braunen in der schönen Uniform residieren, die Anweisung, dass die Belegschaft der Druckerei das Hakenkreuz anzulegen habe, sonst fristlose Entlassung …

Heute Nacht kommt Dr. Sternberg zum ersten Mal nicht um halb eins herunter, die Abzüge anschauen. Zum ersten Mal seit 35 Jahren. Er hat am Abend erfahren, dass er nicht mehr als verantwortlicher Redakteur zeichnen darf und sofort das Haus für immer verlassen muss. Punkt halb eins stockt für einen Augenblick die Arbeit. Es ist, als ginge ein Geist durch die Nachtredaktion.«

◇

So enden die Erinnerungen Meysels an »seine« Zeitung. Er konnte sich übrigens nach Palästina retten. Noch gab es einen kleinen Funken Hoffnung: Reichsaußenminister von Ribbentrop und Wirtschaftsminister Funk wollten das Blatt – so wie die »Frankfurter Zeitung« – als liberales Wirtschaftsblatt erhalten. Im November 1938 fiel aber dann die Entscheidung in Berlin: Das Ende der im 91. Jahrgang erscheinenden »Neuen Freien Presse« wurde mit 31. Jänner 1939 festgelegt. Adolf Hitler hasste das »Judenblatt«, das er aus seiner armseligen Wiener Zeit her kannte. Am 29. Jänner wurde den Abonnenten mitgeteilt, dass sie nun ein neues Blatt zu lesen hätten: Das »Neue Wiener Tagblatt«. Im Untertitel hieß es: »Vereinigt mit ›Neue Freie Presse‹ und ›Neues Wiener Journal‹«. So geschah es dann auch. Die »Neue Freie Presse« verabschiedete sich von ihren Lesern mit einer feinen Pointe. Sie druckte ein altes Feuilleton ab, das zum Tod Ludwig Speidels geschrieben worden war: »Nicht bloß dieses in den letzten Wochen so schwer geprüfte Blatt, sondern die ganze literarische Welt hat einen Fürsten der Feder verloren, in einer Zeit, da die Fürsten auf allen Gebieten immer seltener werden ...« Wir sehen, die Redakteure hatten schon die Technik des Widerstandes zwischen den Zeilen erlernt.

◇

Auch Ernst Benedikt musste ins Exil. Er war Chefredakteur der »Neuen Freien Presse« bis 1935, Sohn des großen Vaters Moriz und als Erbe Besitzer der Zeitung, bis der »Ständestaat« dem Blatt aus der finanziellen Klemme half. Im Sommer 1939 verließ Benedikt (nach den Rassegesetzen »Volljude«) die Heimat, sein Haus in der Himmelstraße, seine Kunstsammlung sowie seine rund 6000 Bände umfassende Bibliothek – und floh mit seiner Frau Irma nach England (nach einem Spitalsaufenthalt als Folge einer Nazi-»Turnübung«).

In Schweden lernten die Benedikts den jungen Bruno Kreisky kennen, der ebenfalls dort Zuflucht gefunden hatte. Und zwar bei einem Abendessen, das Kreiskys Schwiegermutter gab. Für den Emigranten Kreisky war Benedikt eine Art Bindeglied zum alten Österreich, wie er später einmal ausführte. »Mein Vater malte, und der Kreisky hat ihm später ein sehr schönes Geleitwort für eine Ausstellung in Bochum geschrieben«, erinnert sich Tochter Susanne Ovadia-Benedikt, die in Paris lebt. Ihr Vater wurde vom Wiederbegründer der »Presse«, Ernst Molden, mehrfach eingeladen, heimzukehren, aber erst 1962 entschloss dieser sich dazu. Er wurde ein eifriger Gastkommentator der »Presse«. Seinen Lebensabend verbrachte er im Badener Seniorenheim »Künstler helfen Künstlern«, eine Schöpfung der unvergessenen Hilde Wagener. »Es war ein Wiener Wunder«, erinnert sich die Tochter an dieses Angebot, das aus Dankbarkeit erfolgte, weil die »Presse« unter seiner Führung dem Kulturteil besondere Sorgfalt zuteil werden ließ. »Er lebte dort sehr zufrieden neben der Schauspielerin … na, die Enkelin hat die Sissi gespielt … die Albach-Retty!«

*

1938 schien auch für die älteste Journalistenvereinigung der Welt, die »Concordia«, das Ende gekommen. 243 Juden, 77 »Arier« – so war damals das Verhältnis im Mitgliederverzeichnis: Eine klare Sache für die Nationalsozialisten. Der Verein aufgelöst, das beachtliche Vermögen beschlagnahmt. Letzter Präsident war Leopold Lipschütz, dem zusammen mit Gustav Davis die kommerziell äußerst erfolgreiche »Kronenzeitung« gehörte. Lipschütz konnte vor den Häschern der Gestapo nach Frankreich flüchten, wo er 1939 mit seiner Frau Selbstmord beging. Auch der Chefredakteur der »Neuen Freien Presse«, Stefan von Müller, sah sich zum Selbstmord gezwungen. Sein Lebenswerk war mit dem 12. März 1938 vernichtet, einige Zeit hoffte Müller noch, die große liberale Zeitung zum »privilegierten Judenblatt des Dritten Reiches« zu machen. Joseph Goebbels soll zunächst positive Signale ausgesandt haben, doch im November 1938 entschied Berlin, die »Neue Freie Presse« mit Ende Jänner 1939 einzustellen. Goebbels nahm am 29. März 1938 in der überfüllten Nordwestbahnhalle zu den Selbstmorden gleich nach dem »Anschluss« zynisch Stellung: »... Früher haben sich nur Deutsche erschossen, und jetzt sind auch Juden darunter. Dass wir die Juden aus der Presse und dem Theater entfernen, das versteht sich am Rande.«

◇

Den »Anschluss« Österreichs an Deutschland konnten auch die Zeitungen nicht aufhalten. Über eine Panne, die 1938, wenige Monate nach dem Coup passierte, können nur wir Heutigen lachen. Was mit dem verantwortlichen Redakteur passierte, das entzieht sich leider unserer Kenntnis.

Propagandaminister Goebbels war in Wien zu einem Redetermin angesagt, und der Text für die Redaktionen – samt den Einschüben »tosender Applaus« und »laute Heilrufe« – lag bereits parat. Pech: Der Besuch wurde um 24 Stunden verschoben, der Redakteur aber übersah das, und die Rede samt Beifall wurde in seiner Zeitung einen Tag zu früh publiziert – samt den »lauten Heilrufen«. Nach der Ankunft soll Goebbels noch am Flugplatz in Vöslau wütend gefragt haben: »Wo ist die Liste der verhafteten Schriftleiter?«

*

Von nun an gab das »Reichsministerium für Volksaufklärung und Propaganda« das Tempo vor. Die Tagesparolen waren genau einzuhalten und für alle Medien im Reich gültig. »Brutale englische Gewalttat gegen Frankreich«, lautete eine solche Anweisung, oder: »Englische Seeräuber überfallen eigene Verbündete«. Nach Auswertung waren diese Weisungen von den »Schriftleitern« zu vernichten. Gottlob taten das nicht alle, sodass sie heute im deutschen Bundesarchiv nachzulesen sind. Oft waren es auch strikte Verbote: »Die Tatsache, dass für Juden besondere Einkaufzeiten festgelegt worden sind, darf in der Presse nicht erwähnt werden.« »Über die Ernennung Professor Arno Brekers zum Reichskultursenator darf nicht berichtet werden.« »Bis auf weiteres ist es verboten, über den Salzburger Kultursommer 1940 zu berichten.« »Um Unklarheiten zu vermeiden, wird nochmals darauf hingewiesen, dass jede Berichterstattung über Blitzschlag oder Gewitter untersagt ist, da auch aus derartigen Meldungen unerwünschte Rückschlüsse auf die Wetterlage gezogen werden können.« »Es wird darauf hingewiesen, dass das Eiserne Kreuz auf Todesanzeigen für Personen, die im Heimatgebiet einem feindlichen Bombenangriff zum Opfer fielen, nicht gebracht werden darf. Angriffsziel und -zeit dürfen in derartigen Anzeigen nicht genannt werden.«

Wie Phönix aus der Asche

Ein mühsamer Wiederbeginn nach 1945

Erst am 26. Jänner 1946 konnte der aus dem schwedischen Exil heimgekehrte Ernst Molden seinen Traum vom Wiedererstehen der »Presse« verwirklichen. Sein Sohn Fritz war bei den Verhandlungen mit Geldgebern und Politikern dabei. Das Wichtigste war die Zuteilung von Rotationspapier. Und darüber entschieden die Regierungsparteien. SP-Innenminister Helmer teilte den beiden Parade-Liberalen unverblümt mit: »Verhindern werd' ich Ihre Zeitung nicht können. Aber verzögern ...« So konnte das Blatt bis Oktober 1948 nur einmal pro Woche erscheinen.

◇

Paula von Preradović, Ehefrau des »Presse«-Chefs Ernst Molden, gewann nach dem Krieg den Wettbewerb für den Text zur österreichischen Bundeshymne. Daheim erntete sie für ihren Beitrag »Land der Berge, Land am Strome« nur Spott. Ihr Sohn Fritz dichtete: »Land der Erbsen, Land der Bohnen, Land der vier alliierten Zonen, wir verkaufen dich im Schleich, vielgeliebtes Österreich! Und droben überm Hermannskogel flattert froh der Bundesvogel ...«

◇

In der Nachkriegszeit mangelte es den vielen jobsuchenden Journalisten nicht an Ideen, aber meistens am Geld.

Da saßen vier im Kaffeehaus und redeten über eine Zeitungsgründung, die drei Millionen Schilling kosten sollte. Der Erste sagte: »Ich kenn' an reichen Fleischhauer, der gibt sicher eine Million.« Der Zweite: »Ich hätt' an Gemüsehändler, der gibt auch eine Million.« Darauf der Dritte: »Ich kenn' einen Schleichhändler, für den ist eine Million überhaupt kein Problem.« »Na schön«, meinte der Vierte, »die drei Millionen hamma also. Und wer zahlt uns jetzt den Kaffee?«

*

In Wien gründete Friedrich Funder die katholische Wochenzeitschrift »Die Furche«. Artikel seiner Mitarbeiter schrieb er gnadenlos um. Georg Zimmer-Lehmann, verantwortlicher Redakteur des Blattes, meinte einmal: »Die ›Furche‹ ist eine Rätselzeitung. Jedesmal, wenn eine neue Nummer erschienen ist, rätsle ich, was aus meinen Beiträgen geworden ist.«

◇

Chefredakteur des neuen »Wiener Kurier« wurde Hans Dichand, bisher Chef der Grazer »Kleinen Zeitung«. Dichand sandte einen Hilferuf an seinen Kollegen Hugo Portisch in New York. »Hugo, ich brauche dich. Schon die Türken fanden es der Mühe wert, Wien zu erobern«, telegrafierte er. Portisch kabelte zurück: »Bin Türke. Komme!«

*

Was die Lebenswelt der Menschen betrifft, sind Kleinanzeigen mindestens so aussagekräftig wie geschliffene Kommentare. Ein kleines Beispiel dafür waren die »Annoncen« im »Neuen Österreich«, der ersten Tageszeitung, die nach Kriegsende 1945 wieder erschien. »Tausche Gliederpuppe mit Schlafaugen gegen Schuhe. Zu besichtigen Sonntag, 23. Dezember 11 bis 12 Uhr.« Oder: »Gebe braune Lederzipptasche, 1 m grünen Filzstoff für guterhaltenen Sportkinderwagen.« Und: »Tausche schwere Eichenkinderschulbank gegen guten Wintermantelstoff samt Zubehör.«

*

1951 siegte in der Stichwahl der Präsidentschaftswahl der SPÖ-Kandidat Theodor Körner über den ÖVP-Kandidaten Heinrich Gleissner. Am selben Sonntag unterlag die schottische Nationalmannschaft bei einem Fußballspiel im Wiener Stadion den Österreichern. Das waren noch Zeiten! Wie ließen sich diese beiden Ereignisse in einer Schlagzeile vereinen? Die kommunistische »Volksstimme« schaffte es: »Gleissner und Schottland geschlagen!«

*

Worte und Blicke können töten, heißt es zwar, aber in der Realität ist dies kaum je der Fall. Doch – einem Journalisten »gelang« dies: Der einstige Heimwehrführer Fürst Ernst Rüdiger von Starhemberg wollte 1955 aus dem Exil heimkehren. Es gab zwar kein Einreiseverbot, aber der damalige Innenminister Helmer ließ Starhemberg mitteilen, dass er für seine Sicherheit nicht garantieren könne. Starhemberg kam trotzdem nach Österreich zurück und ließ sich in Schruns bei seiner Schwester nieder.

Ein Redakteur der kommunistischen Tageszeitung »Volksstimme« wurde beauftragt, eine Reportage über Starhemberg zu machen. Es war dies Georg »Schurl« Auer, der später als Motorsportjournalist zur Legende wurde. Auer lauerte Starhemberg vor dem Hotel auf und wollte ein Foto machen. Starhemberg, schon immer ein unbeherrschter Mensch, ging mit dem Spazierstock auf den Journalisten los, regte sich dabei offensichtlich sehr auf und fiel tot um.

So brachte ein kommunistischer Redakteur den verhassten Austrofaschisten mittels Fotokamera zur Strecke.

*

In seiner Gratulation zum 20-jährigen »Kurier«-Bestandsjubiläum schrieb der stets humorvolle SP-Klubobmann Bruno Pittermann: »Am besten find' ich im ›Kurier‹ die Fußballrubrik, weil sie politisch wenig Anstößiges berichtet. Die Parlamentsberichterstattung war früher lebhafter. Ich weiß nicht, ob es daran liegt, dass der Berichterstatter gesetzter geworden ist oder die Abgeordneten ...« Und Pittermanns »schwarzes« Pendant Stephan Koren schrieb: »Es wäre erfreulich, wenn in den nächsten 20 Jahren der ›Kurier‹ so ÖVP-nahe würde, wie es die ›Sozialistische Korrespondenz‹ stets behauptet.«

*

Zumindest am Sturz eines Ministers war die »Presse« – ohne jede Absicht – schuld. »Als Franz Olah gestern abends allein das Parlament verließ und nach Hause fuhr, hatte er Tränen in den Augen«, schrieb die Zeitung am 18. September 1964. »Die Journalisten grüßten ihn: ›Guten Abend, Herr Minister!‹ Olah entgegnete: ›Nur mehr ein paar Stunden, meine Herren!‹«

Der damals 54-jährige Innenminister hatte der »Presse« ein Interview gegeben, in dem er mit seinen parteiinternen Gegnern Pittermann und Broda abrechnete. Das genügte. Die linientreue »Arbeiter-Zeitung« empörte sich umgehend: Die Sozialistische Partei könne es nicht hinnehmen, von einem ihrer Funktionäre »in einem gegnerischen Blatt herabgesetzt« zu werden.

Gegnerisch? Ja, so sahen die SPÖ-ler damals die parteiunabhängigen Blätter. Die waren die härtesten Kritiker der Großparteien und diesen daher ein Dorn im Auge. Olah musste gehen. Wegen des Interviews und letztlich wegen einer Million Schilling, die er aus der Gewerkschaftskasse den Freiheitlichen gegeben hatte.

Mitmasser & Co KG

Die Leserbriefe – gratis, aber gern gelesen

Zu den gänzlich unbezahlten Mitarbeitern jeder Redaktion gehören die Leserbriefschreiber. Ihnen ist's Lohn genug, abgedruckt zu werden und auf diese Weise die Meinungsbildung zu beeinflussen. Sie schicken unablässig – und die Zeitungen leben gut davon. Leserbriefe, wenn sie gehaltvoll sind, kann man mit der Würze einer Suppe vergleichen: Nicht unbedingt lebensnotwendig, aber als Verfeinerung des Gerichts durchaus willkommen.

Den Rekord hält wohl der in Wiener Neudorf beheimatete Pensionist Peter Mitmasser. Er war leitender Angestellter eines großen Konzerns und verfügt über ein enorm breites Wissensspektrum. Seine Briefe, die er täglich über alle Zeitungen des Landes streut, betreffen Kunst, Politik und Technik. Bisweilen sendet der gute Mann auch nur einen Aphorismus.

»Mir geht's vor allem um den journalistischen Aspekt des Leserbriefes«, sagt er. Und er plaudert aus seiner »Schreibwerkstatt«: »Man hat eine Meinung, müht sich ab, diese richtig zu formulieren, feilt daran, kurz, prägnant, trotzdem umfassend, entblößt Hirn, Herz und Seele, ist bereit, sich der öffentlichen Diskussion zu stellen, schickt ab. Und dann? Dann nix! Nicht gedruckt. Selbstzweifel, nicht gut genug? Oder nur kein Platz, kein Interesse? Kein Echo, manchmal vorgedrucktes Blabla.« Aber wenn doch, Herr Doktor Mitmasser? »Ja, dann – Jubel, Trubel und die Frage: Was bewirkt's? Einmal Eifersucht bei den nicht Gedruckten: Schon wieder der! Manchmal auch Zustimmung, verbal und schriftlich. Auch die Erfahrung, dass sich unter harmlosen Bürgern jede Menge feige, anonyme Psychopathen verbergen.«

◇

Hauptleidtragende der Mitmasserschen Ergüsse ist die österreichische Post. Als diese in einer Jubelmeldung die Zeitungen wissen ließ, 98 Prozent aller Briefe würden innerhalb eines Tages zugestellt, fragte Mitmasser via »Wochenpresse« unschuldig an, warum sich die übrigen zwei Prozent ausgerechnet auf seinen Wohnort konzentrierten, noch nie wäre ein Brief innerhalb eines Tages angekommen. Nach einigen Wochen rief ein sehr gehobener Postbeamter an: Zum Geburtstag des Generalpostdirektors habe ihm der Verkehrsminister den Leserbrief – hübsch gerahmt - überreicht. »Jetzt«, seufzte der hohe Beamte, »jetzt miass'n ma was tun!« Und eine Zeitlang funktionierte die Sache sogar.

◇

Doch die Zeiten haben sich geändert. Früher, so Mitmasser, habe es mehr Platz in den Zeitungen gegeben. Offenbar als Erkenntnis des alten Chefredakteurs der guten alten »Times«: »Die Qualität einer Zeitung erkennt man auch an ihrem Umgang mit den Geschenken ihrer Leser.« Man sei sich heute nicht überall bewusst, »dass die Leserbriefspalten zu den meistgelesenen einer Zeitung gehören.«

Ein bunter Blütengarten

Was nicht in der Zeitung erschienen ist

Ganz anders als die »Zeitungsente« oder der »Grubenhund« sind die Stilblüten geartet. Zwar sollte der Ressortchef wie ein Haftelmacher auf derlei Produktionen seiner Mitarbeiter Obacht geben, aber manchmal passiert's eben doch. Dann ist der zuständige Ressortchef beziehungsweise die hilfreiche Lektorin gefragt. Begeben wir uns auf einen Streifzug durch den Buchstabenzoo. All die aufgezählten Beispiele sind übrigens nicht erschienen! Sie konnten im letzten Moment abgefangen werden. Die Zeitungen nennen wir natürlich nicht. Obwohl Schadenfreude ja die schönste Freude sein soll:

»Um das Fleisch ihrer getöteten Widersacher nicht ungenützt wegwerfen zu müssen, huldigten die Papuas dem Kannibalismus.«

Über Büropflanzen: »Das ist der Zeitpunkt, wo man sich mit schwerem Herzen von einem liebgewonnenen Zimmergenossen trennt und ihn mit einer kleinen Träne im Auge dem Koloniakübel anvertraut.«

»Die Namen der unbekannten Diebe fanden sich auch nicht in der Verbrecherkartei.«

»Die amtliche Darstellung über die Ermittlungen des Bankraubes ist ein einziger Aufschrei der Resignation.«

»Jalta, die kleine Stadt am südöstlichsten Zipfel der Krim, hat sich als Schicksalsschwert in die Gehirne Europas eingenistet.«

»Der ungebügelte Wäschekorb lastet auf vielen Hausfrauen wie ein Alptraum.«

»Abgesehen von dieser Bedürfnisanstalt wird es unter der Schottenkreuzung keine Geschäfte geben.«

Humanistischer Titel zum Messerattentat einer 76-Jährigen auf ihren 78-jährigen Mann: »Philemon und Baucis in der Brigittenau.«

»Da die alten Leute keine Kinder besaßen, nahmen sie sich vor 15 Jahren die taubstumme Frau ins Haus, damit sie Unterhaltung hatten.«

»Freundlicher gab sich Väterchen Frost um die Mittagszeit, indem er die klirrende, sturmgepeitschte Kälte in das wandelte, was man unter einem schönen klaren Wintertag versteht.«

»Soeben hat der erste Urlaubsmonat seine Pforten geöffnet.«

»Als Brandursache konnte ermittelt werden, dass aus der Lokomotive eines Erzzuges Funken auf den Dachstuhl übergesprungen sind, der nach Donawitz fuhr.«

»Niemandem fiel etwas Absonderliches an der Frau auf. Sie sprach nur überaus viel. Ihr Mann schlug ihr deshalb vor, einen Arzt aufzusuchen.«

»Nach schwierigster Löscharbeit war das Gebäude endgültig verloren.«

»Professor S. hat nämlich heuer die Altersgrenze erreicht, deren Überschreitung gesetzliche Bestimmungen verhindern.«

»Eine Stichflamme setzte eine gravierende Zäsur in ihre immer noch dem Höhepunkt zustrebende Karriere.«

»Die Fachleute werden die Frage zu klären haben, ob die Konstruktion der in Verwendung stehenden Passagiere den Sicherheitsvorschriften entspricht.«

»›Christus mit der Dornenkrone‹ musste wegen seines veralteten Sujets um den Spottpreis von 17 000 Schilling ausgerufen werden.«

»Die Geografische Gesellschaft begeht in diesen Tagen das erste Jahrhundert ihres Bestandes. Dies ist ein Ereignis, das nicht alle Tage vorkommt.«

»Wahrhaftig auf unhörbaren Socken schlich sich gestern Vormittag der Sommer ins Land.«

»Ohne vorher ein Zeichen zu geben, schwenkte Sonntag Nachmittag eine Kuh aus der Herde.«

»In Niederösterreich wehte in der Nacht auf Freitag ein Sturm. Er ist dafür verantwortlich zu machen, dass der 73-jährige J. S. von einem Windstoß erfasst wurde.«

»Wenn an diesem Wochenende ein Fremder in die stolze Stadt Herzogenburg kommt, wird er nicht wenig überrascht sein, dass hier auf jeden Kopf der Bevölkerung zwei Feuerwehrleute fallen.«

»Auf dem Tisch gaben sich verschmutzte Teller ein erschütterndes Stelldichein.«

»Das erbarmungslose Ticken der Uhr hängt als unsichtbares Damoklesschwert in der Luft.«

»Das Matzleinsdorfer Hochhaus gab in der Nacht auf gestern neuerlich einem Menschen Gelegenheit, Selbstmord zu begehen.«

»Von Zeit zu Zeit machen die Fische durch Massensterben von sich reden.«

»Nach den ersten Semestern wurde er dann eingezogen und landete schließlich nach einer Kopfverletzung im Oberkommando.«

»Das goldene Wienerherz schlägt mit der Faust auf den Tisch.«

»Da Erika S. weder Geld noch Ausweispapiere bei sich hat, ist es nicht auszuschließen, dass sie einem Verbrecher in die Hände geraten ist.«

»Bis zu diesem Tage hatte Luigi F. immer noch einen schmalen Hoffnungsschimmer mit sich getragen.«

»Der Bezirksrichter griff sich an den Kopf, aber seine Hände waren gebunden.«

»Der von der Arbeit hungrig gewordene Mann fing beim Anblick der hübschen Verkäuferin Feuer.«

»Dort wurden schließlich die Habsburger Matthias und Ferdinand II. eine Zeitlang zur ewigen Ruhe beigesetzt.«

»Hier sind die heimkehrenden Kreuzfahrer von Ungarn heraufgewankt, die sich im Orient die Lepra geholt hatten und hier den ersten heimatlichen Platz fanden, wo man sie in Pflege nahm, wo man sie Stück für Stück absterben ließ und ihnen dazu Suppe und Brot reichte.«

Titel: »Untersuchungsgefängnis als Kühltruhe für stürmische Liebhaber.«

»Sie müssen oft verzweifelten Nacktbadern, denen ihre Kleider abhanden gekommen sind, beistehen, ihre Siebensachen wieder zu finden. Keineswegs so heiter, sondern eher ekelerregend ist das Bergen von Wasserleichen.«

»Die neuen 20-Schilling-Scheine sind der Anfang vom Ende aller österreichischen Geldscheine.«

»Der Amtsarzt hatte konstatiert, das beschuldigte Mädchen sei unberührt. Die 18-Jährige und ihr Anwalt wollten es jedoch nicht dabei bewenden lassen. Die angetastete Ehre des Mädchens sollte in aller Öffentlichkeit wieder hergestellt werden.«

»Mit einer Zigarette verhält es sich ähnlich wie mit einem Gugelhupf. Das Papierröllchen umschließt ein sorgfältig ausgesuchtes Gemenge aus etwa 35 Tabakelementen.«

»Es schneite in ganz Österreich, inklusive Linz.«

»Man hat die Leiter liegend vorgefunden, bestreut mit Erdkrumen und Sand wie ein Butterbrot.«

»Da auch die Gebärklinik geschlossen wird, darf in M. ab heute keine Frau mehr entbinden.«

»In den letzten Jahren verfiel der Sonderling in zunehmendem Maße dem Alkohol. Seine Geisteskrankheit machte sich immer stärker bemerkbar. Vor dem Amtsarzt gab er vor, er sei verheiratet, was natürlich eine glatte Erfindung war.«

»Primarius Dr. C. referierte über den Altersblödsinn, und zwar aufgrund seiner großen Erfahrung.«

»Auf den Wiesen und Feldern tobten die Maikäfer – in den Amtsräumen des Magistrats hingegen die Meinungskämpfe, wie diesem Übel beizukommen sei.«

»Am Schluss seines Vortrages trat der Stadtrat für eine Reorganisation der Tuberkulose ein.«

Und dann noch schnell die Reportage im ORF-Landesstudio Wien über die Eröffnung eines Kolping-Heimes: »Neben modernst eingerichteten Zwei- und Dreibettzimmern stehen den Jugendlichen auch andere Möglichkeiten zur Freizeitgestaltung zur Verfügung.«

◇

Genug! Genug! Zum Schluss nur eine kleine Liebeserklärung.

Karl Kraus hatte sich erfolglos um einen Redakteursposten in der »Neuen Freien Presse« beworben. Danach urteilte er: »Es gibt zwei schöne Dinge auf der Welt: der ›Neuen Freien Presse‹ angehören – oder sie verachten!« Karl Kraus entschied sich für notgedrungen Letzteres. Er war ein unbarmherziger Kritiker dieser Zeitung. Er wurde berühmt. Und war unglücklich.

Ich habe mich für das Erste entschieden. »Die Presse« war und ist auch nach 44 Jahren noch die Liebe meines Lebens. Ich bin nicht berühmt geworden. Dafür aber glücklich.

*

Dank sei all jenen freundlichen Menschen gesagt, die mir die eine oder andere Begebenheit franko ins Haus lieferten: Hans Besenböck, Christoph Biró, Wolfgang Böhm, Karl Brinek, Gustav Chalupa, Thomas Chorherr, Claudia Dannhauser, Christine Domforth, Brigitte Dürmaier, Klaus Emmerich, Franz Endler (†), Hubert Feichtlbauer, Wolfgang Fuchs, Anton Gatnar, Patricia-Maria Geiger-Tomek, Karl Graber, Dietmar Grieser, Ulla Grünbacher, Hans Haider, Martin Haidinger, Günther Haller, Marta S. Halpert, Brigitte Handlos, Detlef Harbich, Artur Hartlieb-Wallthor, Bernhard J. Holzner, Andreas Huber, Hans Janitschek (†), Michael Jeannée, Horst Jestl-Pogatschnigg, Herbert Kaspar, Isabella Kellner, Heinz Kienzl, Dieter Kindermann, Günter Kogler, Andreas Koller, Herbert Krejci, Michael Kress, Johannes Kunz, Michael Lang, Christian Lenhardt, Paul Lendvai, Hans Magenschab, Hans Mahr, Hubert Margl, Ludwig Marton (†), Georg Markus, Anton Mayer, Leopold Mayr, Josef Metzger, Peter Mitmasser, Willy Mitsche, Fritz Molden, Herbert Neumayer, Josef A. Nowak (†), Wolfgang Oberleitner (†), Reinhard Olt, M. Christian Ortner, Franz Oswald, Otto Pammer (†), Gustav Peichl, Peter Pelinka, Fritz Pesata, Claus Reitan, Alfred Reiter, Wolfgang Sablatnig, Walter Schaffelhofer, Andreas Schwarz, Claudia Schreiner, Manfred Seeh, Ernst Sittinger, Peter Sladkovsky, Gerhard Steininger, Barbara Stiglmayr, Uschi Theiretzbacher, Alfred Treiber, Paul Vécsei, Hans Veigl, Gerhard Vogl, Herbert Vytiska, Engelbert Washietl, Wolfgang Wiederstein, Wolfgang Wimmer, Hans Winkler, Karl Woisetschläger, Alfred Worm (†), Erwin Zankel, Peter Zehrer (†), Hans Zeilinger, Helmut Zilk (†).

Ein besonderer Dank gebührt Gustav Peichl (»Ironimus«) für die Überlassung einiger Karikaturen.